小沢一郎

闘いの50年

半世紀の日本政治を語る

岩手日報社

常に闘いの場だった国会。小沢一郎氏の歩みはこれからもまっすぐに続く
＝2020年1月30日（東京・永田町 国会議事堂衆院院内）

父・佐重喜氏の墓参りに訪れ、支持者らにあいさつする小沢氏
＝2007年11月11日（奥州市）

2001年の参院選最終日、県内を一巡し支持を訴える小沢自由党党首。自民党との激戦を制し、議席を死守した＝7月28日（一関市）

自由党のテレビCM「小沢一郎　日本一新」が「今年を代表するCM・特別大賞」に選ばれ、表彰式で笑顔を見せる小沢氏
＝2000年12月15日（東京・有楽町）

謝《しぇい》依旻《いみん》女流本因坊との公開対局に臨む小沢民主党幹事長。ハンディ戦ながら4目差で敗れ、会場を沸かせた＝2009年11月23日（東京・台場）

民主党代表選での小沢氏の勝利を目指し、支持者ら約1800人が一致団結した「県民集会」＝2010年9月6日（盛岡市内）

還暦祝いで中学時代の同級生たちと旧交を温める小沢氏＝2002年2月9日（奥州市・日高神社）

東日本大震災の合同追悼式で献花する小沢氏
＝2012年3月11日（陸前高田市）

国会議事堂の中央広間に置かれた「誰もいない台座」の前に立つ小沢氏。1938（昭和13）年の大日本帝国憲法発布50年を記念して、板垣退助、大隈重信、伊藤博文という議会政治の功労者の銅像が建てられたが、4人目が人選できず「空席」のまま将来に持ち越したとされている。「政治に完成はない」という未完の象徴としての意味もあるという＝2020年1月30日撮影

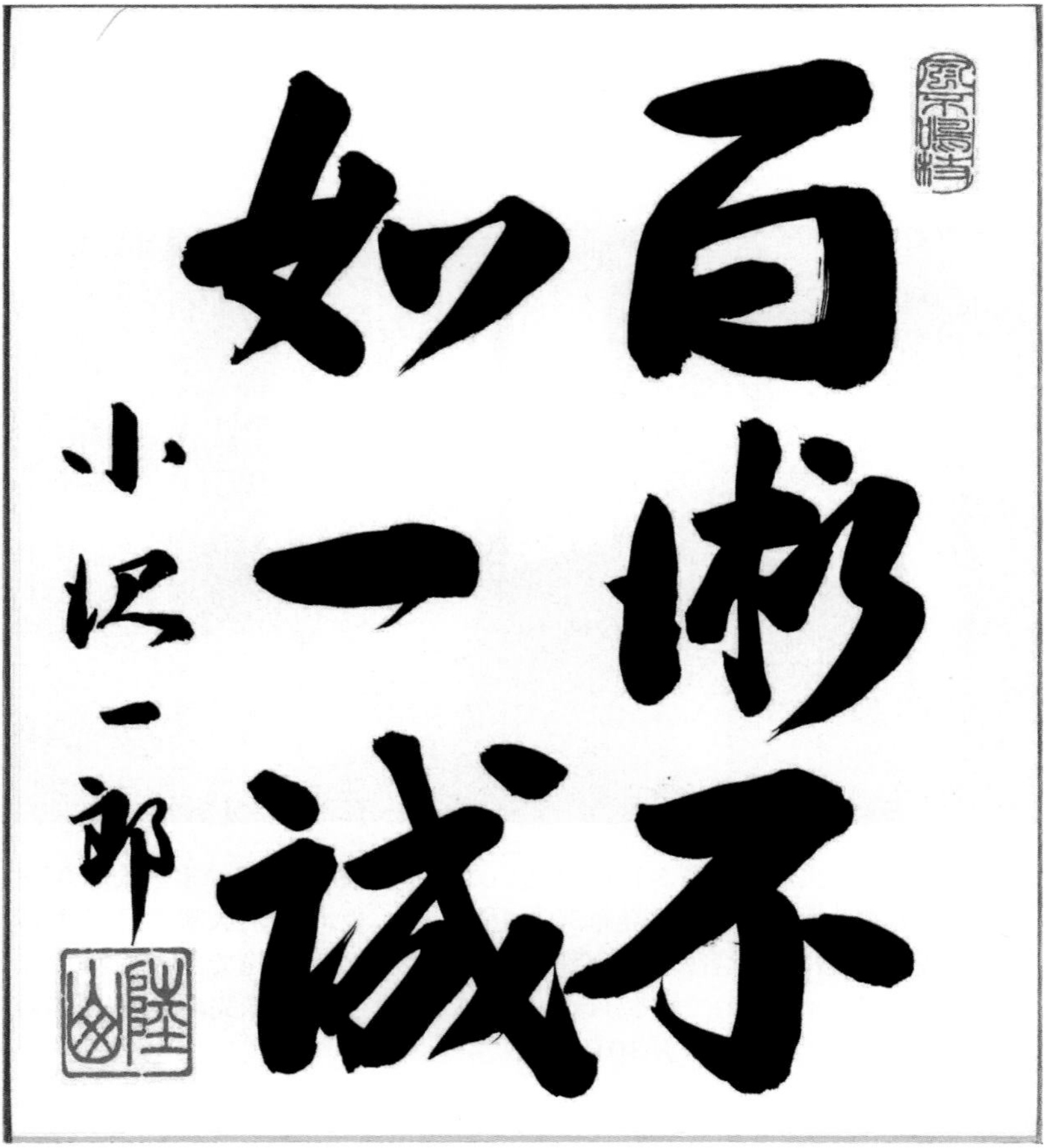

小沢氏の筆による「百術は一誠に如《し》かず」の書。百の術策も一つの誠意には及ばないとの思いを胸に、政治の道を歩んできた

目次

第3章　豪腕伝説

第4章　初の政権交代

第5章　自由党から民主党へ

第6章　民主党政権誕生

本書は2018（平成30）年10月から20（令和2）年1月まで計23回にわたって行った小沢一郎氏への単独インタビューの聞き書きを基に構成しています。《 》内は事実関係やその背景を記載し、敬称を略しました。年表の太字は、小沢氏に直接関係がある項目です。

序章

50年目の決意

冬晴れの下、50年前の初登院に思いをはせる小沢一郎氏
＝2020年1月30日、国会議事堂前

「50年の感慨？　そんなのは全くないよ。もう一度、政権交代を実現させて日本の議会制民主主義を成熟させなければ、議員を50年やろうが60年やろうが、70年やったって、僕の政治家人生の意味はないでしょう」

２０２０（令和２）年1月末、通常国会がスタートし永田町が徐々に騒がしくなってきた衆院議員会館の事務所の一室で、小沢一郎はこうきっぱりと答えた。

１９６９（昭和44）年12月の衆院選で当選し、翌1月に初めて議員バッジを着けてからちょうど50年。改めて感想を聞いたのだが、小沢にとってはやはり愚問だったようだ。

小沢は、衆院事務局から「特別表彰」の打診があったものの、回答を保留したままでいる。これまで特別表彰を受けたのは「憲政の神様」と呼ばれた尾崎行雄（在職60年7カ月）のほか、三木武夫（同51年7カ月）、原健三郎（同54年4カ月）、中曽根康弘（同56年9カ月）、桜内義雄（同51年3カ月）の5氏だけ。もちろんこれまでに辞退した例はない。

「事務局には『与党になってから表彰を受けたい』って伝えたんです。政権を取ったらみんなからお祝いを受けますよ」。満面の笑みを浮かべ、さらりと言ってのける。このぶれない姿勢が、日本政治の真ん中に居続けてきた小沢一郎の小沢一郎たるゆえんでもあるのだろう。

2012年12月の衆院選で当時の民主党が大敗し、再び政権の座に就いた自民党の安倍内閣が長期政権を続けている。首相の安倍晋三は、通算在職日数で戦前の桂太郎を抜き憲政史上トップとなり、悲願の憲法改正のほか北方領土や拉致問題といった諸課題の解決に向けて走り続けている。その一方で、森友・加計学園や「桜を見る会」の問題など、長期政権の緩みも指摘されていた。

「最大の問題は国のトップが事実を隠し、嘘《うそ》をついても平気な顔をしているということです。日本人の誇りとしてきた道徳心、倫理観を完全に崩壊させた。自分の権力の私物化・乱用を何とも思わず、日本の社会全体を破滅へと導く、憲政史上まれに見る最低最悪の総理大臣だ。本来であればとうに内閣総辞職です」

小沢は安倍政権をこう厳しく指摘する。

だが一方で、そんな政権を追い詰めることができない野党にも不満を隠さない。政権交代の受け皿となるべき野党の結集はいまだ道半ば。国会審議を見ていても、首相に答弁をはぐらかされ、攻めあぐねているように映るからだ。

「野党の追及には全然迫力がない。政権に対する意欲、選挙に対する執念が感じられません。能力の問題じゃない。志と執念。それに大人の知恵がないんです」。渋い表情でこう語ると、唇をかみしめた。

「僕があの時、もっと自由に政治活動ができていれば、いろいろな発言、行動ができたんだが…。事実上、政治活動ができませんでしたから」

２００９年３月、民主党代表だった小沢は政権交代を目前にしながら、西松建設の献金事件をめぐり公設第一秘書が逮捕され、辞任を決断せざるを得なかった。政権交代後は鳩山政権の幹事長に就任するも、検察の捜査などで思うような動きが取れず。結局、無罪判決が確定したのは、民主党政権が完全に行き詰まった後だった。

「今度はあんなことには絶対させない。そのためには、何としても次の総選挙までに野党の合流を成し遂げたい。まずは野党をひとまとめにして、次の総選挙で勝つ態勢をつくる。それをできる人が他にいますか」

野党結集のために、表に裏に動いている小沢は、自信たっぷりに語った。

１度目の政権交代は細川護熙《もりひろ》を擁立するサプライズを演出し、２度目は鳩山由紀夫にトップの座を譲るなど、常に「役者」を立てて自らは政権を支える裏方に徹してきた。３度目に向けて、どう動くのか。与野党を問わず注目している政治家を尋ねると、ひときわ声のトーンを上げて話し始めた。

「僕はあまり性格的に形式的なポジションは好まないんだ。だからと言って絶対にトップをやらないと言っているわけじゃないんです。民主党政権では検察の捜査がなければ総理になったんだから。みんなが僕に『やれ』という状況になった時、それは拒みません。やらなくちゃいけない時にはやります」

強い口調に一瞬、緊張が走った。小沢がここまではっきりと「首相」への思いを語ることはまずない。50年はもちろん通過点にすぎないだろう。だが、２０２０年5月で78歳を迎える小沢にとって、やはり期するものがあると感じざるを得なかった。

すると突然、漢詩をそらんじてみせた。

男児志を立てて　郷関《きょうかん》を出づ
学若《も》し成る無くんば　死すとも還らず
骨を埋《うず》む豈惟《あにただ》　墳墓《ふんぼ》の地のみならんや
人間到る処《ところ》に　青山《せいざん》有り

――男子たるもの志を立てて故郷を出たからには、学問が成就しなければ、死んでも故郷に帰らないつもりだ。自分の骨を埋めるのは、何も故郷の墓地でなくてもいい。自分の骨を埋めるのにふさわしい場所は世の中どこにでもある——

幕末期に勤皇の志士たちの精神的な支えになったといわれる漢詩「壁《へき》に題す」。日本の新しい夜明けを駆け抜けた彼らに、自らを重ね合わせたのだろうか。

「初めて選挙に出た時から闘いの連続だよ」

こう語った小沢は、鼻から息をフーッと吐きだすと、鋭い視線で遠くを見つめていた。来るべき決戦の日——。その目にははっきりとそれが見えているようだった。

小沢の政治家人生は、まさに闘いの連続だった。初当選から17度の衆院選はもちろん、自民党総裁選や民主党代表選、党内・派閥内の抗争、そして検察との攻防…。常に闘いの中に身を置き、時に先頭で政治を大きく動かし、時に一歩退きながらもその動向は注目を集めてきた。その歩みはそのまま昭和後半から平成にかけての日本の政治史とも重なる。

本書は、小沢自身が初当選からこれまでを語ることで、これまで明かされなかった政治の舞台裏や、その時々の決断に込めた思いを通じて、半世紀にわたる激動の日本政治を振り返ることを目指している。原点である古里岩手の視点を交えながら、何が小沢の闘いを支え、なぜそこまで愚直に自らの信念を突き通せたのかを解き明かしたい。口べたゆえに理解不能な行動を指摘され、毀誉褒貶《きよほうへん》の激しい政治家だが、率直に語る一言一言から、その理由の一端が見えてくるはずだ。

紺のスーツで初登院し、出席の黒い名札に裏返す小沢一郎氏＝１９７０年1月14日

第1章

若き日の思い出と田中角栄

1942	昭和17	5月24日	**小沢佐重喜、みちの長男として誕生**
1967	昭和42	3月	**慶応大経済学部卒業**
		4月	**日本大大学院法律研究課程入学**
1968	昭和43	5月8日	**父・佐重喜が死去（69）**
1969	昭和44	12月27日	第32回衆院選は初の師走選挙。
			岩手2区トップで初当選（27歳）
1972	昭和47	5月15日	沖縄返還
		7月7日	田中内閣が発足
		12月10日	**第33回衆院選＝当選2回**
1974	昭和49	11月26日	「金脈問題」で田中首相が退陣表明
		12月9日	「椎名裁定」で三木内閣発足
1975	昭和50	12月26日	**科学技術政務次官に就任（33歳）**
1976	昭和51	7月27日	外為法違反容疑で田中前首相を逮捕
		12月5日	**第34回衆院選＝当選3回**
		12月27日	**建設政務次官に就任（34歳）**
1979	昭和54	3月4日	**自民党岩手県連会長に就任（36歳）**
		10月7日	**第35回衆院選＝当選4回**
1980	昭和55	5月16日	大平内閣不信任案を可決。
			「ハプニング解散」
		6月12日	大平首相死去（70）
		6月22日	**初の衆参同日選（23日開票）**
			自民が圧勝＝当選5回
		7月17日	鈴木善幸内閣が発足

全国最年少の２７歳で当選を果たし、母親のみちさんと握手する小沢一郎氏＝１９６９年１２月２７日、水沢市の事務所

父の死

《1942（昭和17）年5月24日、東京・下谷区（現台東区）御徒町《おかちまち》で暮らしていた弁護士で東京市議と東京府議を務める小沢佐重喜《さえき》と妻みちとの間に、待望の男の子が生まれた。選挙のたびに自分の名前の読みづらさに苦労していた佐重喜は「分かりやすい名前に」と、この子に「一」と名付ける。だが、出生届を出しに行ったみちの姉が「いくらなんでもかわいそうだ」と、一の下に「郎」を付け加えたという。こうして後に日本の政治を動かす小沢一郎が誕生した。

東京で空襲が激しくなると、3歳の時に父の古里水沢（現奥州市水沢）に母と共に疎開する。水沢小を卒業後、常盤中（現東水沢中）に入学し、3年の時に東京・文京区の第六中に転校。都立の名門小石川高、慶応大経済学部を卒業し、父と同じ弁護士を目指して、日本大大学院法律専攻に進む。

司法試験の勉強に励んでいた小沢の元に、突然、父が倒れたとの連絡が入ったのは1968（昭和43）年の春、25歳だった。》

おやじは「具合が悪い」と言って病院に入ってから1カ月ほどで亡くなってしまいました。それまでは特に病気になることもなくて、その意味で突然。おやじが日大出身だったということもあって、僕は慶応を卒業後に日大の大学院で司法試験を目指して勉強していた時でした。

亡くなったのが5月8日で、12日がちょうど司法試験１次試験の発表。１次試験は受かったんですが、結局、おやじが亡くなったものだから、何だかんだで選挙に出るという方向に話が進んでいったんです。

僕自身としては、政治の道に行くにしても司法試験に受かってからという思いでいましたからね。おやじもまだ5年、10年は政治家をやると思っていたので、突然おやじが亡くなって選挙に出馬するというのは想像していませんでした。

父は高等小学校も通えるか通えないかで丁稚《でっち》に出されて、苦労して鍛冶屋で働いたのだそうです。けれど「このままじゃいかん」と思って、丁稚時代に貯めていたわずかなお金を持って、親にだまって汽車に乗ったという。そうしたら宇都宮までしか汽車賃がなく、宇都宮で降りて、たまたまそこで出会った人の書生に入って、中学を出させてもらったんだそうです。その後に東京に出た。苦労ばかりの幼少、青春だったろうと思います。

《父佐重喜は水沢に馬車引きの次男として生まれ、水沢尋常高等小学校（現水沢小）に進んだ後に、仙台に丁稚奉公に出された。上京し夜間中学を卒業後、鉄道省に勤めながら日本大法学科に通い弁護士となった。１９４６（昭和21）年に衆院議員に初当選後は、吉田茂内閣で運輸、逓信、建設の各大臣、池田内閣で行政管理庁長官を歴任。衆院議院運営委員長、安保特別委員長なども務めた。後に藤山（愛一郎）派に所属したが、田中角栄とも親しかったという。

父の死を悼んで１９８０（昭和55）年に編さんした「人間　小沢佐重喜」の中で、小沢は「田んぼのあぜ道を父とともに、手をつなぎ、あるいは肩車をしてもらって、田んぼを見に行ったことが、本当に唯一のなつかしい思い出となっている」と回想している。》

おやじは僕の将来について普段から何にも言いませんでしたね。「自分で決めればいい」「政治をやりたきゃ地盤もあるんだしやればいい」という感じ。「司法試験を通ると楽でいいぞ」という話はたまに酒飲みの時に聞いたかな。弁護士は時間も自由ですから。でもおやじは「政治家になれ」なんて話は一切言いませんでした。

僕の方は学校の勉強はあまりしなかったけど、中学、高校あたりから歴史に興味を持って、特に幕末・明治維新の頃のいろいろな本を読んでいて、政治に関心はあったんです。明治維新はヨーロッパの近代革命と市民革命の二つをいっぺんにやったような大革命ですから。それだけ歴史的意義もあるし面白い。その意味で政治には非常に興味を持っていました。

葬式を終えて、相続でも何でも誰にも頼まず僕一人でやりました。水沢と東京の家屋の登記申請書を自分で書いて、登記所に行ったり。そんなことを夏ぐらいまでやっていると、地元のいろんな方から「跡継ぎはお前だ」という話が次々に来たんです。ただ、おふくろに相談すると反対でした。「もう二度と苦労はさせたくない。もうあの人でたくさんだ」と。

でも、もともと政治に関心があったし、やっぱり後援会の人たちは子どもの頃からずっと一緒に過ごしてきた人たちですから。そういう人たちから言われると、だんだんその気になっていったように思います。

でも、結論を出すまでには10月ぐらいまでかかったかな。最後はやっぱり自分で「やる」と決めました。そうしたら、おふくろも「お前がやるというならしょうがない」と許してくれました。勝敗なんてどうなるか予想もつかなかったですから、無茶と言ったら無茶な決断でしたね。

《母のみちは千葉県出身で、父親は大地主で県議会議長を務めた経験もあるという家柄。良家の子女として、厳しいしつけの環境で育ち、結婚後は夫の佐重喜の選挙を地元で支えていた。》

男なら誰でもそうでしょうが、人格形成に母親の影響は大きかったと思います。普段、おやじがいなくて母子家庭みたいなものだったですからね。おふくろからは明治の教育をたたき込まれました。明治の女っていうのは、意志が強いから。「男の子は志を持て」「信念を曲げるな」「泣いちゃダメだ」「言い訳するな」「そうすれば必ず目標は達成できるんだ」と何度も言われました。

おやじの苦労を見ているから選挙に出るのを最初は反対したんでしょうが、何度も話すうちに最後はおふくろも許してくれました。

田中角栄との出会い

選挙への出馬が決まると、まずは岩手２区全体の後援会の幹部会を開いて、その後に各支部の幹部会をバタバタとやって了解をもらったんです。一部には「若すぎる」といった慎重論もありました し、自民党県連内でも同じ選挙区の椎名（悦三郎）さん＝外相、自民党副総裁など歴任＝は「水沢から２人はダメだ」なんて反対したりして、なかなか決まらなかったところもありました。でも僕を推してくれる声が大勢でしたからね。最終的に県連で「よしやれ」ということになって、あとは年が明けてからはずっと選挙区回りでした。

うちの選挙組織は、何人かのボスが決めるという仕組みではないですから。今でもそうですけど、後援会の主立った人との直接的な人間関係で成り立っています。

僕の同期当選の仲間にも２世議員、３世議員が多いですが、みんな東京育ちだから地元の後援会の人たちを知らないんだ。結局、選挙を仕切るボスのような人がみなやってくれる。でもうちはそうじゃなかった。後援会の各支部の幹部会を開いて、みんなの了承を得て、そして選挙区を回るという形をとりました。あとは選挙まで無我夢中でしたね。

《父の死から約10カ月後の１９６９（昭和44）年３月。水沢市民体育文化会館で「小沢一郎・くらしと政治研究所」の開所記念講演会が開かれた。出馬を決意し、あいさつ回りをしていた小沢にとって初めての大集会。応援弁士には父も所属していた藤山派で後に田中派に移った江崎真澄、若手の山口敏夫の両衆院議員が駆けつけた。会場にはあふれんばかりの市民が集まり、父の遺志を継いで政界に打って出る若者の船出を祝った。》

体育館に４、５千人は集まりました。人前でしゃべったこともないのにそんな大勢の前だから、しょうがなくて家で冷や酒をコップで２杯、クウッと飲んで。それでも全然酔いも感じなかったけど、それで初めて演説したんです。

中央と地方の格差問題や政治の改革などを話したかな。あと外交のことも話さなきゃいけないとなって、日米関係のことなんかも話したように思います。そうそう、選挙前に一人でイスラエルのエルサレムやインド、ネパール、ベトナムを旅してね。そのことを話しました。特にイスラエルとアラブはものすごい対照的でした。イスラエルの方は緑の畑を耕していて、アラブの方は砂漠ばかり。これじゃ勝てっこないと思いましたね。今でもそうです。あれだけアラブ世界が大きくて人口が多いのに、ちっぽけなイスラエルに勝てない。みんなバラバラだからね。そんなことも演説で話しました。ものすごく象徴的な景色でした。

でも演説の中身なんか誰も聞いてないんです。「途中でつっかえなきゃいいけどなあ」ってみんな心配していたらしい。今でも人前でしゃべるのは好きじゃないけど、初めは本当に嫌でした。

この大集会の後に、初めて田中角栄先生に会ったんです。その前から面会を申し入れていたのに、なかなか会ってくれませんでした。田中先生はものすごく厳しい人です。いいかげんなやつは絶対に甘やかさなかったからね。特に選挙については厳しかった。

昔の親分なんて、おっかない人が多かった。石原慎太郎さんや中川一郎さんとか、普段はいい格好しているんだけど、田中先生の前に行くと一言も声を出せない。会うのも嫌がっていましたね。「おっかねえ」って。それだけ田中先生はみんなから好かれていましたが、同時に恐れられた人でした。

《当時、田中角栄は佐藤（栄作）派に所属し、佐藤内閣で幹事長を務めるなど、既に自民党の実力者として力を誇っていた。田中は長男の正法《まさのり》を4歳で亡くし、生きていれば小沢と同い年。小沢がわが子のように映ったのかもしれない。それでも、初対面の小沢にとって、政界の「おやじ」はひどくおっかない存在だった。》

田中先生にまず会いに行こうと思ったのは、自分自身の意思です。おやじは藤山（愛一郎）先生にお世話になっていましたので、「田中先生の元でやりたいです」と藤山先生に断って田中先生に会いに行きました。当時は佐藤栄作内閣の長期政権で、ずっと官僚出身の総理が続いていましたからね。そして官僚政治から、政党政治への転換というのが機運として盛り上がってきていた時期でした。その中心に田中先生がいた。だから余計にそういう雰囲気で田中先生に会いに行こうと思ったんです。小学校を出ただけであれだけ偉くなって、全国的な人気もありましたから。

田中先生は「会いたい」と言ってもなかなか会ってくれなかったのですが、３月に大集会をやってようやく会ってくれました。初めて会った時は「おうお前、４、５千集めたそうだな」なんて言われてね。

そして「とにかく一生懸命に回れ」「これからも毎日何百軒歩いて、３万人と握手しろ」「徹底して選挙区を回れ」ときつく言われました。とにかく田中先生は厳しかった。その時は僕から話なんてできませんでした。ただただ「はい」と言って帰ってきただけでしたね。

田中先生に選挙区に来てもらったのは、ずっと後になってからです。それまでは来てもらえなかった。でも亡くなった息子さんと僕が同い年でしたから、「息子が生きていたら」っていう思いが強かったんでしょう。ただ、初対面の時はそんな優しさは全く感じなかった。そんなに甘くはなかったですよ。

初めての選挙

《田中の言葉に奮起した小沢は、徹底した選挙区回りを始めた。27歳の新人が掲げたキャッチフレーズは「政治に若さを」だった。》

田中先生に会ってからは、さらに無我夢中で選挙区を回りました。有権者の中には2世議員への批判もありました。それはそれで受け止めなきゃならない。でも僕は地元で育って、地元の中学まで通った。そんなやつは当時の2世議員では誰もいないんじゃないかな。だから僕は地元のことは誰よりもよく知っているという自負もありました。

選挙に向けて、中学時代の同級生が「青年行動隊」という組織をつくって、運動を頑張ってくれたのには感謝しました。同級生が毎晩10人ぐらい来てくれて、一緒になってビラ折りをしたり。選挙期間中にはそろいのブレザーを着たりして、同級生たちがあちこちにあいさつ回りをしてくれてね。今でもそうですけど、同級生がそこまで一生懸命になって回ると陣営のムードが良くなってくるんです。

《当時の選挙公報には「激動の70年代を乗り切るため27歳の若さを武器に政界の新しい旗手を目指す」との小沢の決意の言葉が記されている。高度経済発展から取り残された地方の「ひずみ」を解消するとして、公約に掲げたのは「農業の高能率・高収益化」「地方への工業の分散や三次産業の発展と中小企業対策」などの地方開発だった。そして「政治が無力化して官僚に政策形成を任せているため、生き生きとした政治が行われていない」と批判するなど、その当時から官僚政治の打破を訴えていた。》

当時はまだ戦後の右肩上がりのいい時代でしたが、地方も農地解放などでどんどん変わって、いろいろな矛盾、中央と地方の間でひずみが出始めた頃でした。病気だって初期段階で手を打てば治るが、そのままにしていると手遅れになると主張したんです。

あと僕は初出馬の頃から小選挙区制度の導入、議会制民主主義の確立、官僚制の打破ということも主張していました。うちのおやじはずっと吉田茂さんにかわいがられて保守本流の中で政治をやってきていましたが、いわゆるエスタブリッシュメント、官僚とか財界とか、そういうものに対してはものすごく反発心を持っていました。普通なら地位が上がれば、そうした人たちと仲良くなって、政治資金も集めて、ということになるけど、それをしなかった。表向き言って歩くわけではないけど、おやじの腹の中にはずっと反発心があったんです。

おやじには東京に金集めのための後援会というのは一切無かったし、つくりませんでした。自分が弁護士で稼いだものを切り売りして選挙をやってきたんです。その反骨精神というか、反体制的な精神を僕も受け継いでいた。だから普通の単なる2世議員だとは思っていません。僕自身も自民党に入って保守本流の中でやってきたけど、ほかの人の感覚とは違ったと思っています。

田中角栄先生も貧乏で、商売をしながら身を立てようとして、政治家として総理にまで上り詰めた。田中先生も苦労したがゆえに、官僚やなんかをうまく使うことを心掛けたんだと思います。

僕としては両方ともおやじ。いわゆる本当の親と政治の親です。そして両方とも体制の中で育った人間ではない。貧乏の中で自分で道を切り開いてきた人間だった。その両方の気持ちを僕も受け継いでいました。

それを理屈で言うと官僚支配の打破とか、議会制民主主義の確立につながるんです。僕のおやじはイギリスの議会制度を念頭に置いて、小選挙区制度の導入をずっと主張していたからね。自分も全く同じで、初めての選挙の時から小選挙区制を主張していました。

《当時の岩手2区（定数4）は、自民党は小沢佐重喜のほか、椎名悦三郎、志賀健次郎の3人が争い、そこに社会党の北山愛郎が割って入る構図だった。中でも小沢と椎名はともに水沢が地盤。ライバル関係にあった両者の選挙は「水沢戦争」と呼ばれるほど激しく、それはともに国会議員となる息子の代まで続いた。》

父親と選挙の話をすることもなかったですが、中選挙区というのは味方同士が、血で血を洗う戦いですからね。特に水沢は椎名さんと二人だったから大変だったようです。味方同士で戦うっていうのは心情論的にも嫌だし、理念的、政策的にも仕分けがつかない。どちらにしても中選挙区制はよくないと、おやじも小選挙区制に結びついたんだと思います。

でも、だからこそ自民党は強かったとも言えます。互いに激しく戦って当選するから選挙に強いんです。今の野党なんか、選挙運動もしないで風だけを頼りにしている。「風が吹かないかなあ」なんて、おかしなことを言っているようじゃダメですね。

最近、小選挙区制度に関する批判をする者がいますが、これも全く無知な愚論です。小選挙区制度は死に票が多くなる弊害があるが、それだけ勝敗の優劣がはっきりする。だから政権交代が起きやすいんです。細川内閣の時に、ある意味で強引に小選挙区制を押し通しましたけど、あれがなかったら２００９年の民主党の政権交代はなかったですよ。

特に日本ではずっと自民党政治が続いてきたから、野党が中選挙区で過半数の候補者を立てるだけの力を持てなかった。だからかつての社会党は１２０～１４０議席のところで満足して、万年野党でもよしとしていた。それが小選挙区になってガンと変わったんです。今も「一強多弱」なんて言われていますが、野党がまとまりさえすれば、いっぺんに政権が変わります。

全国最年少トップ当選

《1969（昭和44）年12月7日、ついに衆院選が公示された。岩手2区には、自民党は小沢のほか、現職の椎名悦三郎と志賀健次郎が立候補し、社会党からは現職の北山愛郎と元職の千葉七郎が出馬。そこに共産党と無所属の新人という計7人による争いとなった。

選挙戦の序盤、小沢は苦戦を強いられる。当時の岩手日報の情勢分析の記事では、「小沢ムード低調」との見出しが付いたほど。だが、父親の知名度に加え、若さと行動力を前面にアピールし、徐々に形勢を逆転させていった。》

あの時は自分自身もそうでしたし、後援会の人だって心配ばっかりしていました。「大丈夫か、大丈夫か」ってばかり言っていた。でも、選挙期間中の反応はものすごく良かったんです。遊説で歩くと、沿道の人たちから、工事している人、畑にいる人たち、遠くにいる人もほとんど手を振ってくれて。感動しましたね。そういう意味でものすごく気分のいい選挙運動ができました。

思い出すのは雪の中の遊説。車の運転ができない秘書でしたから、ずっと僕が選車を運転したんです。そうしたら遊説の最中に種山ケ原の頂上の手前で選車が動かなくなっちゃって。後続の車や対向車の人みんなに押してもらったこともありました。大変でした。吹雪で息もできなかったから。

選挙最終日に、水沢駅前のマルサンっていうデパートの前でやった最後の街頭演説はよく覚えているなあ。吹雪に近い強い雪がバーッと降っていましたが、大勢の人たちが遠くまであふれていた。あの光景は劇的でした。ああいう気持ちは実際に地元を回らないと分からない。本当に感動的な場面でした。あれほど人の気持ち、人の心に感動するっていうのは、選挙をやってみないと分からないんだと思ったのを鮮明に覚えています。

《投開票日の12月27日。小沢は、７万１５２０票を獲得しトップ当選を果たした。２番手の千葉七郎（社会）との差は１万７７３２票。父佐重喜の前回選挙の得票が４万３０９４票で、これまでの最高も７万６千票だったから、大勝利と言っていい。祝勝会で小沢は「若さを政治に反映させ、父のやり残したことはもちろん、私なりの信念を貫くためにも精いっぱい頑張る」と決意を述べている。》

後になって客観的に考えれば、弔い合戦で親の地盤もあったし、若いっていうことへの期待で浮動票も取り込んだんでしょう。もちろん基礎票は後援会がみんな一生懸命にやってくれました。それで落ちるわけがない。でも、初めてだし、それがどう票に結びつくかは分かりませんでした。実は、初当選の時の記憶は最後の街頭演説までで、投開票日の記憶があまりないんです。でも、当選の知らせを受けた時は、そりゃあうれしかったと思います。

初めての国会

《年が明けた1970（昭和45）年1月14日、国会に初登院した。同期には、後に小沢とともに「竹下派七奉行」と呼ばれた盟友の羽田孜《はたつとむ》（元首相）や渡部恒三《わたなべこうぞう》（元衆院副議長）、梶山静六（元自民党幹事長）、奥田敬和《けいわ》（元運輸相）らが並んだ。他に森喜朗《よしろう》（元首相）、土井たか子（元社民党党首、女性初の衆院議長）、不破哲三（前共産党議長）といった多彩な顔ぶれ。後の政界のキーマンが数多く当選し、「花の44年当選組」とも呼ばれた。》

初登院の時は国会議事堂の正面から入って、中でバッジを着けてもらうんです。母親が付き添って来ていた人もいましたが、僕はそんなことは求めないし、しませんでしたね。初めてバッジを着けた時も特別な思いはなかったですね。立候補を決めてからダーッと選挙を走ってきましたから。国会議員になったんだという気持ちはあったけれど、特別な感慨はありませんでした。とにかく自分自身で決めて、無我夢中でやってきたからね。

僕はすぐに田中先生がいる佐藤（栄作）派に入りました。渡部恒三さんは最初は「どこの派閥にしよう」って迷っていたんですが、同じ東北人だし、彼の宿舎まで行って「何やってんだ。一緒に行こう」と誘ったのを覚えています。その時に、後々に田中派や竹下派で一緒にやっていく面々が、みんな当選したんです。

《1年生議員としてスタートを切った小沢。常任委員会は建設委員会が第一希望だったが希望者が多く入れず、文教委員会に所属することになった。当時の岩手日報には「東京往来」という在京県人の動静を伝える名物コーナーがあり、連日のように陳情を受け忙しい日々を過ごしている小沢の様子が報じられている。27歳の新人は物腰も柔らかで、頭を下げっぱなしだったとか。陳情を受けると、自ら車を運転して各省を回ることもあったという。》

1年生の時から今も同じですが、議員会館の部屋番号はおやじと同じ605号室。部屋から総理官邸が見えるからね。国会議員になれば誰でもそうでしょうが、僕も総理官邸を見て「いつかは自分も」と思ったものでした。

初登院から少したった頃、同期当選のみんなで「きさらぎ会」という勉強会をつくろうということになりました。僕が入った佐藤派だけじゃなく、派閥を超えて宏池会※1や中曽根派、三木派、大平派の人たちも入りました。清和会の福田派だけ抜けてあとはほとんど入っていたと思います。44人、後から1人増えて45人でしたが、そのうち佐藤派は30人を超えたぐらいでした。

みんな若かったし、週1回ぐらいのペースで政策の勉強をやりました。それで終わった後は決まって酒飲み。楽しかったなあ（笑）。あとは田中派の結成にいたるプロセスみたいなものでした。

田中派の旗揚げ

《1972（昭和47）年5月、佐藤派に所属していた田中角栄に近い者たちで会合が開かれた。当時、首相の佐藤栄作は後継総裁に外相の福田赳夫《たけお》を起用しようとしていたとされ、田中は総裁選レースで後れを取っていた。だが、この会合で田中派の旗揚げ、そして総裁選へと一気に動きだす。1年生議員だった小沢は、もちろんその先頭に立っていた。》

柳橋の柳光亭《りゅうこうてい》という料亭で田中派の結成に向けた決起大会をやったんです。四十数人が集まって、音頭を取ったのは木村武雄さんという山形出身の「木村元帥」と呼ばれていた人です。そうしたら出席者の中で僕が最年少でしたから「乾杯せい」と言われて、「田中総理を目指して頑張ろう」って音頭を取ったんです。

まだ佐藤派の時ですから、なかなか「田中派」って言い出しにくい雰囲気でした。佐藤さんに気兼ねして、みんなモジモジして口に出せない。そのところに乾杯で僕が言ったもんだから、「そうだ、そうだ」って盛り上がってね。田中派結成の動きに一気になったんです。あの時は、心の中ではみんな思っていたけれど、表立っては言えなかった。僕の乾杯で、みんな思っていた気持ちがバッと出て。そこからはかなり酒が入ってわんわんでした。

竹下登さんは佐藤内閣の官房長官でしたから、その会には出てきませんでした。みんなから「出てこい」って言われていましたが、出てこない。本当に慎重な人なんです。それがまたあの人の持ち味でもあるんですけど。

自民党総裁選に向け決起集会に出席した田中角栄氏（左）と小沢一郎氏＝１９７２年６月、東京都内のホテル

その時の出席者も四十数人なんです。今考えると、いつもそうでした。初当選が昭和44年で、１期生も44人。最初の田中派も44人かな。竹下派結成の時も四十数人。自民党を離党した時も44人。民主党と別れるときも四十何人でした。初当選の年の数字がついて回るような気がするな。忠臣蔵の四十七士もそうかもしれないが、グループが結束するのにちょうどいい案配の数字なのかもしれないね。

選挙の教え

《国会そばの千代田区平河町に、全国治水砂防協会が管理・運営する「砂防会館」という建物がある。かつては自民党最大派閥だった木曜クラブ（田中派）のほか、田中角栄、中曽根康弘といった首相経験者が個人事務所を構えるなど、権力闘争の舞台となった。初当選後、小沢もすぐに通い始めた。》

若い時分は時間を見つけては砂防会館の事務所に行っていました。田中のおやじに会いたくてね。でも初当選で口をきける人間なんていないですよ。ものすごく怖かった。おやじが事務所を出入りする時に「よう、いるか」って一声掛けられるのがうれしくて行ったものです。でもこっちは何もしゃべれない。それでも顔が見たくて、時間のある限り遊びに行っていましたね。

一緒に将棋を指すようになったのは後になってからで、最初は相手にもされませんでした。最近は当選したばっかりの若手でも同じ仲間みたいな顔をして先輩と話をしているけど、昔は全く違う。昔の派閥の親分と若い者は、話なんかできません。派閥の事務所に通っているうちに、徐々におやじがいろいろな話をしてくれるようになりました。

僕はいつも「おやじさん」と呼んでいて、田中先生からは「おい」って呼ばれていたかな。「お前の任務は次の選挙に当選することだ」といつも言われましたね。「へらへら小理屈を言っているもんじゃない」と。「天下は逃げない」とも言われたね。選挙をがっちり強くなってからでも十分に天下国家のことをやれるという意味です。当選したばかりのお前たちは理屈を語る前に、次の選挙に勝ってこいっていう教えでした。だから自民党は強かった。選挙が弱いやつは全然ダメ。選挙が心配じゃ自分の主張もできませんから。

だから僕は初当選から10年間はみっちり地元を回ったんです。自民党の総務局長に就任した１９８２（昭和57）年の頃から地元に戻れなくなりましたが、その前までは毎年夏に選挙区を回りました。普通の国会議員は「土日は地元に帰れ」と言われるんですが、僕の場合は国会の会期中は地元に戻らず、その代わり夏休みの２カ月間、毎日ずっと地元を回りました。

岩手２区には支部が１００以上ありました。国会報告をやるんですが、そんなのは誰も聞いていない。質問も出ない。田舎の人は酒を飲まないと話さないんです。それで飲み始めると「実は…」なんて話になる。１日に2、３カ所ずつそんな支部の会合をやると、もう毎日2升、３升飲みましたね。

そのくらい飲んだら酒が体に入らなくなるから、いったん吐き出して、水を飲んで、また出して、胃を水で洗って。そして次の会場でまた飲んでという繰り返しでした。それでも若いうちは大丈夫だったな（笑）。後援会のみんなも楽しみにしていましたからね。

今の若い連中は「どぶ板」をやらないからダメ。戸別訪問を何年もしていたら、この家から選挙で何票入るかすぐに分かります。調子のいいことを言ってもこの人は票を入れてないとか。おやじは入れてないけど奥さんは入れてるとか、すぐに分かる。だいたいかみさんがいても玄関に出てこないところはダメだね。それに子ども。家庭で話題になっている時は、僕が家に行ったらまず子どもが喜ぶ。ついでにわんこも一緒に喜ぶ。それで全部分かるんです。

田中総理誕生と角福戦争

《1955（昭和30）年の保守合同[※2]で、自民党と社会党が与野党の第1党を占める「55年体制」が確立される。だが、小沢が初当選した頃の国会は、本来の議案審議とかけ離れた与野党の駆け引きが横行していた。長期政権が続いていた佐藤内閣で、繰り返される与党の強行採決に野党の審議拒否。この状況に、小沢は岩手日報で「審議よりテクニックがあまりに多すぎるのが国会の現状だ。今後そういうことがないよう党執行部に反省を求めていく」と1年生議員らしからぬ直言を披露している。》

1年生の時に総理出席の本会議を同期全員で欠席したことがあったんです。そうしたら前の方の席が全部空いちゃって。佐藤さんも「どうしたんだ、どうしたんだ」って驚いてキョロキョロしたぐらい。そのくらい僕ら若手には向こうっ気の強さがありました。今は肝心な時におとなしい議員が多くてどうしようもないですけどね。この本会議に多くの1年生議員が欠席したことで、佐藤さんが総理をやめる決心をしたとも言われているんです。

総裁選でも大きな力になったのはやっぱり同期でつくった「きさらぎ会」でした。その時のメンバー44人のうち田中派は三十数人。他派の人も誘ったりしてしょっちゅう勉強会をしていましたから、結束がものすごく強かった。この会の動きが、おやじが出た総裁選の勝利につながったんです。

《１９７２（昭和47）年に行われた自民党総裁選は主要派閥が激突した。第１回投票では、田中角栄１５６票、福田赳夫１５０票、大平正芳１０１票、三木武夫69票。そして決選投票で、田中２８２票、福田１９０票と、田中が圧勝する。》

総裁選では、福田さんと同じ選挙区だった中曽根（康弘）さんが出馬の構えを見せていたんですが、最終的に不出馬を宣言して田中の支持に回った。それが選挙結果を左右したとも言われています。

覚えているのは決起大会。出席した中曽根さんが扇に「５５の角」と書いて持ってきたんです。将棋盤の真ん中で「四方を制する」という意味と「ゴーゴー」をかけた。あの人もなかなかうまいことを言う。

それで結果的に田中のおやじの大勝でした。でも同郷の福田さんを支持しなかったから地元の上州（群馬）では中曽根批判が大変だったそうです。中曽根さんは地元で評判を落としたから、次の選挙で小渕（恵三）さんより下になって危うく落選するところだった。

この総裁選の頃から「角福戦争」と呼ばれるようになりました。どうにもあの2人は個人的にしっくりしなかった。何か相当に感情的ないきさつがあったように思います。そこまでは個人的なことだからおやじは語りませんでしたが。

思想的には福田さんはどちらかというと右寄り、台湾寄りだから、日中国交回復には反対でした。でもそれを田中・大平連合で突破して実現させたんです。おやじがもう一人ダメだったのが宮沢（喜一）さんです。酒席の振る舞いに問題があったようです。

後になって思えば、おやじは当時まだ54歳と若かったんだから、福田さんと話し合って一回譲って、2年後か4年後に自分が総理になれば良かったかもしれない。そうすればたいした争いもなかったのかもしれません。

でもそうはいかないんです、総裁選っていうのは。そんなことをしていたら総理になれない。戦いっていうのはその時々の勢いだから、やらなくちゃいけない時がある。国民の人気も断然田中のおやじが上でしたしね。

総裁選で勝った時は、きさらぎ会のメンバーもかなり盛り上がりました。当選してすぐに総裁選に参加できて自分の派閥の親分が勝つなんて。こんな面白いことはありません。総裁選の投開票の時、僕はずっと後ろの方にいたんですが、当選発表で、おやじが立って手を上げて、あいさつをしたのを今でも覚えてるなあ。

金脈問題からロッキード事件

《首相に就任した田中角栄だったが、以前からうわさされた派手な資金集めで足元をすくわれることになる。この「田中金脈問題」にメスを入れたのは、「文藝春秋」の１９７４（昭和49）年11月号に掲載された立花隆の「田中角栄研究―その金脈と人脈」だった。この報道が引き金となり、田中は退陣に追い込まれた。》

田中のおやじも意外と気が弱いんです。僕は辞めずにもっと頑張れば良かったと思う。でも、自分で「血糖値が３００になった」とか言ってましたから。耐えられなくなったんでしょう。こんなの僕の時（西松・陸山会事件）に比べればたいしたことないのに（笑）。僕なんか何カ月もマスコミにやられて、裁判までいって何年もやられた。だけど僕は一切やましいことはないからこそ頑張れたんだけどね。

《田中角栄退任後の1976（昭和51）年2月、米上院小委員会でロッキード社の航空機売り込みに絡み、日本の政界などに巨額資金が渡っていたことが発覚。「首相の犯罪」が暴かれたロッキード事件に日本中が騒然となった。そして、田中の後継首相に就任した三木武夫は、事件の徹底究明を約束する。》

田中のおやじが総理を辞める必要はないと思いましたが、問題は三木さんでした。ロッキード事件は三木総理との戦いだ。ロッキード事件の捜査は事実上、三木総理が政敵を倒すためにやらせたとみられていました。嘱託尋問を許して、アメリカと話をして捜査を許した。事実上の指揮権発動でした。捜査は検察だけでは判断できない。三木さんが「やれ」と言ったから検察もできたんです。

実はおやじも過去に三木さんに対してまずいことをしたんです。１９７４（昭和49）年の参院選の徳島選挙区に、後藤田正晴さん（元警察庁長官、後に官房長官や副総理）を強引に擁立しようとしたんです。そこには現職で三木派の久次米《くじめ》健太郎さんがいたから公認争いになって。後藤田さんが公認になったんですが、結局は選挙に負けて、大選挙違反を起こしました。だから三木さんはおやじに恨み骨髄になったんです。「俺の地元に来てあんなのを無理やり立てやがって」と。選挙の恨みつらみっていうのはそれほど大きいんです。

人のところに無理やりけんかをふっかけるというのは間違いですよ。道義的にね。新潟の田中派のところに三木や福田が候補を立ててきたら、そりゃあ頭に来るでしょう。「なんで後藤田さんにあんな肩入れするんだ」ってみんなが思っていた。おやじは学歴がないから東大出に弱いんだ。それが命取りになったのかなと。

ロッキード事件に関してはアメリカの陰謀説もあるが、アメリカとしてはそれもあったと思います。田中政権がソ連に近づきすぎたというのもあったと思います。「容共《ようきょう》」※3みたいな感じがあったかもしれません。そういう状況のところに、三木総理が「やれ」と命じたから、捜査が進んだんでしょう。この事件では、ロッキード社幹部からの証言を得るために、裁判所が免責を与えて証言させた。そんなことをしたら誰だって全部やられます。「お前を罪人にしないから何でも言え」ってことですから。あり得ない。司法の自殺行為です。

《東京地検特捜部は1976（昭和51）年7月、ロッキード事件で前首相の田中を外国為替及び外国貿易法（外為法《がいためほう》）違反容疑で逮捕。翌月、ロッキード社から5億円の賄賂を受け取った受託収賄罪などで起訴した。ロッキード事件で起訴された者は政治家や企業幹部ら16人に上り、戦後最大の疑獄事件に発展した。》

ロッキード事件は、田中先生が金をもらった、もらわないより、もっともっと深刻で大きな問題が提起されていることを知るべきです。権力者の一存で最高裁まで動かして、司法権まで使って政敵を追い落とすなんてあってはいけない。総理という権力の乱用です。裁判所はあれ以来ダメですね。ただ、田中先生は権力を使って捜査をやめさせようとはしませんでした。そういうことをしてはいけないということを、かつての自民党議員はわきまえていた。でも三木さんにはそれがなかった。バルカン政治家と言われて権力の中を泳ぎ回ってきた人ですから。ロッキード事件は、徳島の選挙での個人的恨み。それが一番でしょう。かつては田中先生との関係も良かったんですがね。それがなければ日本の政治史は変わっていたかもしれません。

ロッキード裁判

《田中角栄の裁判は6年9カ月、百数十回に及んだが、小沢はこれを全て傍聴する。そして、東京地裁は1983（昭和58）年10月、受託収賄罪などで懲役4年、追徴金5億円の判決を下した。》

逮捕の時に一斉に砂防会館に捜査が入ったんですが、僕が一番最初に駆けつけたんです。その後の裁判をずっと傍聴したのは、日本のゆがめられた司法制度、権力の乱用ということへの怒りや正義感、そして個人的なおやじへの思いという両方でしたね。だから裁判をしっかり見ておこうと思った。当時の被告人席はベンチみたいな木の硬い椅子でかわいそうでした。僕の時はちゃんとした椅子でしたけど（笑）。毎回目を合わせるなんてことはしませんが、おやじも僕が来ていることは分かっていましたね。

僕は公判を通じてずっと権力と裁判のおかしさを感じていました。「5億円、5億円」というけど誰も金を見たことはない。証人が出てもそれが全く明らかになりませんでした。検察は状況証拠、傍証で裁判を進めたが、もらっていないということに対して反論をなかなかできなかった。でも、裁判は立証責任を負わされた方が負けですからね。その意味で、田中のおやじは心情的にもかわいそうでした。こんなことでおやじが失脚するなんて、もったいないと思いました。

結果的におやじは権力闘争に敗れたんです。おやじからは裁判中にもいろいろな話を聞きました。僕には全部しゃべってくれた。中身は言えないけどね。でも、おやじは潔白だったと思います。金の話なんて知らないし誰も見ていない。竹下（登）さんだって知らない。権力はそれが意図的に使われたら本当に恐ろしいんです。誰だって、目を付けられたらすぐに罪人にされてしまいます。

後の陸山会事件では、僕の場合は何の証拠も事実もないのに、最後には何が何でも僕をつぶそうとして、検察官が公文書の偽造までして起訴しましたからね。

県連会長就任と分裂選挙

《1979（昭和54）年、岩手県内では知事選をめぐり、自民党県連が現職の千田正と衆院議員中村直《ただし》のどちらを擁立するかで揺れていた。田中派のホープとして国政で活躍していた小沢は、鈴木善幸《ぜんこう》の要請で、県連会長に就任。中村の公認を決定した。当時、知事選候補への党公認は全国でも異例。小沢は県連会長として、経験のない保守分裂選挙の陣頭指揮を執った。》

現職知事の千田さんは「保守」って言ってもどちらかというと社会党系のところがありました。善幸さんとも関係が悪かったから自民党県連として中村さんを立てようということになったんです。椎名（悦三郎）さんたちは千田さんの側につきました。千田さんは金ケ崎町出身だから、隣の水沢出身の僕としてはつらかった。地元ですからね。ただ、椎名さんに加えて僕までついたら県南が千田で一色になって勝てなくなる。だから僕を県連会長にしようとしたんだと思います。善幸さんから「何とか頼む」って言われて、仕方なく引き受けました。

県連会長になってまずは、千田さんのところに会いに行きました。会長就任のあいさつと「このままだと選挙になる。争いたくない」という話をしました。何とか話し合いができないかと思ったんです。でも、千田さんは権力者になりきっていましたね。僕に対して「君は次の選挙は大丈夫かね」なんて言う。首長は殿様になってしまうんだね。それで僕もやる気になったんです。結局、千田さんには椎名さんと志賀さんがつきました。玉沢（徳一郎）さんも反鈴木の姿勢だったから千田さんについて。岩手の保守を二分した選挙になりました。

当時、全国の知事選で党公認はなかったんですが、千田さんは無所属だから同じ無所属だと区別がつかない。党の色を強く出した方がいいと思って党公認で戦いました。一生懸命に回りましたが厳しかった。どこを回っても県南部の地元は千田さんの支持なんです。そりゃあしんどかった。だから徹底して胆江《たんこう》（現在の奥州市と金ケ崎町）を回った。それで最後は胆江で勝ったんです。本当にしんどい選挙でした。

《知事選は小沢が支援した中村直の圧勝に終わる。県連会長として厳しい保守分裂選挙を制したことで、小沢の永田町での評価は一気に高まった。》

翌年の衆参ダブル選挙でも岩手は自民党が大勝しました。僕も一生懸命にやりましたが、結果が良かったのは幸運でしたね。県議選にもかなり力を入れました。県連会長は県議をまとめないといけない。それが大変なんです。僕も若かったから県連内に政策研究所をつくったりして政策の提言もやりました。

県連会長時代で思い出すのは椎名素夫さんの初出馬の時ですね。候補者選びをしている時に、父親の椎名（悦三郎）さんが「何としても会いたい」と言ってきたんです。知事選の後で、椎名さんは党議に反して他候補を応援したんだから本当なら除名の話です。そうしたら本人は「辞める」と話して、「何としても（後継候補には）息子を頼む」と言ってきました。

それで椎名さんもそこまで言うんだし、ほかにいい候補がいるわけじゃないしということで、素夫さんを公認しました。でも、僕の初出馬の時に椎名さんは反対したんです。僕にそんなことを頼むなんて、椎名さんは悔しかったろうけど、僕が「ダメだ」というのも度量が狭い話になるし、結果的に了承しました。

ただ、息子のことを僕に頼むなんて。僕は仮に年を経てこのような状況になっても絶対にこんな屈辱的なことはしない、と強く思いましたね。

《知事選の翌年の１９８０（昭和55）年7月、大平正芳の急死を受けて、党総務会長だった鈴木善幸が第70代内閣総理大臣に選出される。総理のお膝元の県連会長として小沢はさらに強固な地盤を築いていった。》

善幸さんはおやじ（小沢佐重喜）の時代から縁があるんです。善幸さんはもともと社会党出身でしたが、「それじゃダメだ。民主自由党に入れ」と言って、誘ったのがうちのおやじでした。だから善幸さんは、宴席でもおやじが来ると座布団を降りて最敬礼していたほどでした。もちろん善幸さんは田中先生とも近かった。だから以前から僕とも縁があったんです。

総理としての善幸さんは、あの通りの人です。総務会長を長くやっていて、まとめ役の人。日本的な「和をもって貴しとなす」という人でした。日本がいい時代だったからというのはあったように思います。

知事選や衆参ダブル選の勝利で、僕の名前も全国に広まったような感じでした。年は若かったけど、ある程度一目を置かれるようになりました。当時で当選4期。僕は4期目からは選挙の時に選挙区に帰っていません。ずっと他選挙区の応援に出ていました。おかげさまでそれでもトップ当選でした。3期10年間、徹底して回って地元を固めました。だから地元のみんなが応援してくれて選挙は強かったんです。

※１　宏池会……１９５７年６月、吉田茂元首相の門下だった池田勇人が結成した自民党の名門派閥。これまで池田、大平正芳、鈴木善幸、宮沢喜一の４人の首相を輩出したが、１９９３年の宮沢辞任後は分裂し、首相を出していない。結成時の理念である「軽武装・経済重視」のハト派路線を歩み、保守本流のリベラル派と党内で位置づけられてきた。

※２　保守合同…１９５５年11月、日本民主党と自由党が合同し、単一保守政党となる自由民主党を結党した。社会党の左右両派再統一に対抗した形で保守勢力を結集させたもので、自民党の長期政権と社会党を中心とした野党による「55年体制」が始まった。

※３　容共………共産主義の政策を容認すること。

第2章

大車輪の活躍

大臣就任後初めて帰県し、県庁で会見する小沢一郎自治相。「創政会の名前にこだわることはないだろう」と創政会解散の可能性を示唆した＝１９８６年1月25日

1981　昭和56　12月3日　**自民党政務調査会副会長に就任（39歳）**

1982　昭和57　11月27日　中曽根内閣が発足

12月28日　**自民党総務局長に就任（40歳）**

1983　昭和58　10月12日　ロッキード事件1審、田中元首相に実刑判決

12月18日　**第37回衆院選＝当選６回**

12月27日　第２次中曽根内閣が発足。**衆院議院運営委員長に就任（41歳）**

1985　昭和60　2月7日　**竹下登支持グループ「創政会」が発足**

2月27日　田中元首相、脳梗塞で入院

12月28日　**中曽根改造内閣で初入閣。自治相に就任（43歳）**

1986　昭和61　7月6日　**衆参同日選、自民が衆院３００議席＝当選７回**

1987　昭和62　7月4日　**竹下派「経世会」が発足。小沢氏ら１１３人参加**

7月29日　田中元首相、２審も実刑判決

11月6日　**竹下内閣発足。内閣官房副長官に就任（45歳）**

1988　昭和63　3月　**日米建設協議で訪米**

認証式を終え記念撮影に納まる新閣僚。前２列目右から２人目が小沢一郎自治相＝１９８５年１２月２８日、宮殿・北車寄

総務局長と苦い思い出

《政治家として着実に力をつけてきた小沢は1982（昭和57）年12月、初めての主要ポストとなる自民党総務局長に就任する。幹事長を補佐して選挙の事務を統括する役職で、現在は党四役に入る選対委員長に格上げとなった重要ポジション。翌83年には統一地方選と参院選を控え、衆院選の可能性も高い時期に、小沢にとって初めての大役となった。》

総務局長の大きな仕事は全国の選挙で公認候補の選定など選挙全般を取り仕切る仕事です。幹事長だった二階堂（進）さんが大ざっぱな性格でしたから僕が選挙の実務を全部やりました。全国の選挙をやるんだからそりゃあ最高の仕事です。

参院選で国政史上初めて比例代表選挙が始まったのも僕が総務局長に就任した時からです。全国のことは総理の中曽根さんも二階堂さんだって分からないから、相談せずにほとんど自分で決めました。全国の選挙区事情を分かっているのは田中先生や竹下先生ぐらいでしたからね。

まず重要なのは候補者の選定。そりゃあ顔を見ただけでも分かるけど、しっかりと調べました。世論調査を何度もし、また実際に僕や党職員が現地に行って調べました。一生懸命に運動をやっているか、やっていないかは地元に入るとすぐに分かります。いいかげんな人はすぐに分かる。そして実際に強い候補に決めることが重要なんです。候補者の擁立は手間暇かかるし金もかかるから大変です。

３００人立てれば、１人１千万でも30億円、２千万で60億円かかる。お金なんて一瞬で無くなります。それにメディアを利用するのにものすごくお金がかかるんです。今で言うとテレビで何十億円がいっぺんに飛んでしまう。アメリカ大統領選は６００億～７００億円かかると言われる。あれはほとんどメディア戦術。日本も僕のころからメディアを使った選挙をずいぶんやり始めました。

総務局長時代に思い出すのは、１９８３（昭和58）年８月に行われた衆院京都２区（欠員２）の補欠選挙ですね。自民党は谷垣（禎一《さだかず》）さんと野中（広務《ひろむ》）さんの２人を擁立しました。谷垣さんは父親の弔い合戦だから断然強かった。一方の野中さんは副知事をやったりして実績がありましたから、力を入れて運動をやっていませんでした。それで陣営に発破をかけたんです。

しかも、あそこの選挙区は社会党と共産党の強いところでしたから、地域割りをして票を真っ二つに分けたんです。そうすることで、谷垣さんと野中さんの両方を当選させることができました。僕の緻密な票割りを見ていた中曽根総理から「名医の手術を見ているようだ」ってえらく褒められたのを覚えていますよ。

田中派研修会で万歳をする小沢一郎氏（左）。右は田中角栄元首相＝１９８３年８月、静岡県函南町

《同じ年には苦い経験もあった。12月に行われた衆院選は、ロッキード事件の一審で田中角栄に実刑判決が出た直後で世論の風当たりが強く、自民党は劣勢に立たされた。選挙の陣頭指揮を執った小沢だが、初当選以来トップ当選を保ってきた岩手2区で、自身も思わぬ苦戦を強いられた。》

83年の選挙は厳しかった。実は僕もその選挙で落選しそうになったんです。その時の衆院選で自民党は、中選挙区（定数511）に前回より30人ぐらい多い330人以上の候補を擁立しました。全国も回ったけど、総務局長は決裁、決断をしなきゃいけないから、なるべく東京にいなくちゃいけない。4期目から地元には帰らなくなったし、総務局長になって余計に地元へ帰れなくなっていました。

それに総務局長はその役割が全く目立たないから地元へのアピールにはならないんです。幹事長直属の選対本部長である総務局長といっても地元じゃまるで通用しない。「政務次官をやったのに局長に格下げされたのか」なんて言われましたよ（笑）。

あの時のことはよく覚えています。女房が選挙期間が終わる2、3日前に「危ない」って言ってきたんです。僕は「そんなことないだろう」なんて言ったんですが、「このままじゃ本当に危ない。雰囲気がおかしい」って。やっぱり女房は地元を回っているから感じるんだね。それで最後の1日だけ地元に入りました。

そうしたら結果的にぎりぎりの4位当選。しかも2千票差でようやく勝てたんです。後援会自体が緩んでいたというのもあったと思います。最後に地元に入って、滑り込みセーフでした。

あの選挙はロッキード裁判の後で、全国的にものすごく厳しかった。僕は選挙事務を担当した総務局長でしたから、開票結果が出そろった後に中曽根総理に謝りに行きました。そうしたら中曽根さんには渋い顔をされましたね。

議運委員長

《1983（昭和58）年の衆院選の敗北で、自民党は公認候補だけで単独過半数に届かなかった。中曽根政権は新自由クラブ※と連立するなどで、何とか与党で過半数を維持。日本の政治は「与野党伯仲の時代」に突入したとも言われた。自民党にとって国会運営が厳しさを増していった時期に、小沢は衆院議院運営委員長に起用された。》

総務局長として選挙を担当したので次は普通なら閣僚になったりするんですが、僕は年も若いということもあったし、「もう一回、汗を流せ」ということで、議運委員長を任されたんです。

ロッキード事件の一審判決が出て選挙に負けた直後だから、国会が大変でした。ストレスでじんましんが出たほどでした。

野党は田中先生の議員辞職勧告決議案を出す構えを見せていましたが、それを出しても否決されればおしまいです。だから審議拒否をして、国会が動かなくなりました。それで何とかしなきゃいけないということで、何度も衆院事務総長だった弥富《やとみ》（啓之助）さんら事務局と相談したんです。そして最初に考えついた案が、国会法を改正して懲罰の規定をうまく田中先生に適用するということでした。その形なら実害はないじゃないかという話になったんです。

《小沢らが検討したのは、「院内の秩序をみだした議員を懲罰することができる」という憲法58条の規定を、「院外」の行為でも国会議員の公的活動で秩序を乱す場合には懲罰の対象とすると解釈する内容。田中が罪に問われた収賄といった行為にも適用して、野党の追及を乗り切ろうとした。》

時の幹事長は田中六助さん、幹事長代理が渡辺美智雄さんでした。衆院事務局といろいろ考えた末の案を2人に持っていって「田中先生のところに行って了解をとって来てほしい」と言ったんです。でも2人とも全然ダメでした。いい大人が「怖いからいやだ」「お前が行け、お前が」って言うんです。2人とも一癖も二癖もある政治家だが、田中先生に対しては怖がって全然ダメでした。それでしょうがなく僕が行ったんです。そうしたら、いやあ怒られた怒られた。

僕からは「おやじさん、何とかしないと国会は止まったままだし、突っぱねれば解散総選挙です。そうなったらなおさら大変になるじゃないですか」と言いました。でも僕の話をおやじも分かっていますから、ますます怒ってね。「貴様!!」って怒鳴りつけられましたよ。それでどうするにも話にならなくて、何とか考え出したのが政治倫理審査会でした。

《政治倫理審査会（政倫審）はロッキード事件の一審判決後、紛糾する国会や国会議員の倫理を問う世論を受け、与野党による政治倫理協議会の議論を経て１９８５（昭和60）年に設置された。その協議会の座長を務めたのが議運委員長の小沢だった。そこでは国会議員が順守すべき「政治倫理綱領」「行為規範」も規定。議員が行為規範などに著しく違反し、政治的道義的に責任があると認められた場合、一定期間の登院自粛・役職辞任などの勧告を行うことができるとした。》

与野党伯仲国会でしたから何か知恵を出さないことには動かない状況でした。与党は多数を持っているから本当は大丈夫なんですが、昔は野党が国会に出ないと与党が何とかしようと話し合うということが常識でした。今の安倍総理みたいに野党を除いて自民党だけで審議をやろうなんていう発想はなかった。

政倫審というのは裁判も含めた司法の場に行った人を呼び出すところではありません。刑事事件や、司法の俎上《そじょう》にはのっていないけれど、疑惑を持たれた人が自分の思いを述べなさいという場です。政倫審の設置ということで野党も納得させて、おやじの方は、もちろん反対は反対だったけど何とか納得してもらってね。ようやくけりをつけました。

そんなことがあって議運委員長時代に社会党とか野党との信頼関係を築くことができました。でもしんどかった。当時の幹事長も幹事長代理も、自分の役目なのに田中先生と会おうとしないんだから。これほど深刻な場面はこれまでになかったです。田中のおやじの怒りはものすごかったからね。あの時は本当にストレスがたまってじんましんが出たんです。でも何とかしなきゃならないということで、田中先生に頼み込んで、最終的には理解してもらえました。

当時はやはり自分の中に、政治家として、立法府としてのけじめをつけたいという思いがありました。今に続く政倫審の仕組みをこの時につくったことは、意義があったと思っています。ただ、今それが機能していないのは残念です。自民党から今いろんな疑惑が出ているけど、与党が全部突っぱねているから政倫審がうまく機能していない。

田中派内の不満

《田中角栄はロッキード事件発覚後も裁判を抱えながら、党内最大派閥を従え、さらに勢力を拡大させようと次々に新メンバーを増やしていった。そして「数」の力を背景に陰の実力者「闇将軍」「キングメーカー」として君臨。大平正芳、鈴木善幸を首相に押し上げるなど、強い影響力を保っていた。だが、最大派閥でありながら総裁候補が出せない田中派内では不満がたまり続けていた。1982（昭和57）年10月、当時の首相鈴木善幸は突然辞意を表明する。そんな中、派内では田中の腹心、二階堂進を擁立する動きが浮上する。》

善幸さんが辞任した時に総裁候補をうちの派閥から出そうとなったんです。みんなで話して「二階堂さんでいこう」ということでまとまって、僕も派内から署名を取って歩きました。全員に近い署名を集めて、それをおやじにお願いしようと僕が持って行った。そうしたら「よしよし分かった、分かった。俺に預けろ」なんて言ってね。あの時のおやじは機嫌良く受け取ったんですが、そのまましまい込んで、結局その話は無しになってしまいました。

今思うと、おやじにとっては「ノー」ということだったんでしょう。二階堂さんだろうが誰であろうが総裁になれば、おやじはおしまいになる。だからおやじは絶対に派内からトップはつくりたくなかったんです。でも、二階堂さんはものすごく面白くなかったと思います。「趣味は田中角栄です」と言っていたぐらい、忠実な家来だったからね。「今度は俺の番だ」という時に、おやじの許しを得ることができなかったんです。

中曽根総理の再選（1984年10月）の時にも、公明党や民社党を巻き込んで二階堂さんを擁立する動きがありました。この時には僕は「自民党の総裁選のことだから。公明、民社は関係ない」って反対したんだけれど、二階堂さんは興奮してしまって総裁選に出る気十分でした。でもここでも最終的に立つことはできませんでした。

《最大派閥でありながら総裁候補を出せない田中派内から不満が噴き出す中、竹下登を中心に派内に勉強会を立ち上げる構想が持ち上がる。》

当時、おやじは無罪を勝ち取ってもう一度復権するという思いで頑張っていたように思います。でも派閥っていうのは総理総裁を担ぐのが最大のメリットだからね。おやじの気持ちは分かるし、復権できればいいと誰もが思っていましたが、当面すぐというわけにはいかない。だから「誰か後継者をつくるべきだ」という話が当然出てきたんです。

おやじの秘書だった早坂茂三《しげぞう》さんに2度ほど派閥の後継者をつくるように僕も掛け合いました。「本人は感情的になるかもしれないけど、あなたがちゃんと後継者問題を言わなきゃだめだ」ってね。でも早坂さんは「おやじはとてもそんな話は聞き入れない。無理だ」って言うばかりでした。ただ、表に立ってやる人がいないと派閥のまとまりがつかない。そこで「仮の代表として竹下さんを立てよう」という話が持ち上がったんです。竹下さんがおやじに代わるとは誰も思っていません。おやじは竹下さんをあまり評価していなかったからね。線が細くて、深刻な話に耐えられない。深刻な話の時にすぐにひょうきんなことを話して、みんなにひんしゅくを買ってしまうんです。まさかおやじは、竹下さんを「総理に」という気持ちはほとんどなかったろうと思います。

ただ、竹下さんは人付き合いが良くて派内では当時、若者頭のような立場でした。当選回数もちょうどいい時期でした。僕らが初当選の時に5期で、その２期下が小渕さんと橋本さんでした。ちょうど金丸（信《しん》）さんと親戚にもなって、必然的に竹下さんがナンバー2のような存在になっていました。

創政会の発足

《１９８４（昭和59）年12月、金丸信、竹下登、小渕恵三、羽田孜、梶山静六、そして小沢が集まり、竹下を中心とする勉強会をつくることを確認する。そして、徐々にメンバーを拡大することを決めた。》

当時の田中派は１００人を超す大所帯でした。全員が会合に参加することは難しいから、秘密裏にやるしかないということで、第１次の会合は６人で集まったんです。その後に第２次の会合を開いて徐々に人を増やしていきました。金丸さんが中心になって話を進めたんですけど、当然、数が増えれば話が広がるんです。さあ大変だ。そのうち田中のおやじに伝わって、案の定、烈火のごとく怒らせてしまいました。

そうしたら声を掛けられなかった奥田敬和さんや石井一《はじめ》さんらを中心に反対の動きが出てきました。そうした人たちとの対立になったんです。おやじも徹底的な切り崩しをしましたから、本当にけんかになってしまいました。渡部恒三さんがおやじに会おうと思って事務所に行ったんですが、「砂防会館が震えるような怒鳴り声が聞こえてきた」って語っていましたよ（笑）。それでおっかなくなって会わずに帰ってきたんだそうです。

おやじが怒っていると聞くと、竹下さんは気が弱いからびびっちゃってね。早坂さんが「おやじとうまく話してくださいよ」みたいなことを言ってきたものだから、金丸さんが会いに行くと言ったんです。でも僕は「けんかを始めた時に大きい方が手を差しのべるという話はあるが、小さい方が話にいくということは降参に行くということじゃないか」「冗談じゃない。そんなバカなことがあるか」って反対しました。結局、金丸さんは思いとどまって、田中のおやじの所に行くのはやめました。でもその後も抗争は続きました。

僕はその時、おやじに会ったり電話をしたりもしませんでした。僕たち同期は一番の子飼いですから、おやじからすれば「お前らも参加したのか」って怒ったでしょうね。

一方でそれを、最初の勉強会結成の相談に声が掛からなかった人や、後から田中派に入ってきたような人たちが「謀反だ」「反乱だ」ってあおったんです。この問題は、田中派内の生え抜きと新しい人たちとの確執という側面もあったわけです。

《１９８５（昭和60）年2月7日、自民党のニューリーダーの一人と目されていた竹下が主宰する政策集団「創政会」が発足した。形は田中派内の勉強会だが、明らかに将来の竹下政権の実現を目指す動きだった。当初、入会名簿には八十数人が名を連ねていたが、田中の激しい切り崩し工作で、入会を取りやめる議員も相次いだ。》

「創政会」発会式を終え、会場を出る小沢一郎氏ら＝１９８５年２月７日、東京・砂防会館

設立総会の当日の朝になって何人来るか分からなくて、冷や冷やしました。おやじが怒らなければ3分の2ぐらいは集まるだろうと思っていたんですが、結局、集まったのは40人。それで創政会を発足させたんです。

設立総会後の会見は砂防会館だったかな。僕は会見場の前の席には並びませんでした。そうしたら野中（広務）さんが「一番の側近、腹心なのに華の舞台には並ばずに遠くで見ていた。これが本当の側近っていうもんだ」って僕をものすごく褒めてくれたのを覚えています。えらく感激してくれて、みんなにそのことを話していました。

《創政会旗揚げから10日ほど後、小沢は同期の羽田孜、梶山静六とともに目白の田中邸を訪れた。意外にも笑顔で3人を迎えた田中。「何よりも田中派の結束が大事だ。われわれは同心円でいこう」と小沢たちに語ったという。》

おやじから呼ばれたのか、自分たちから行ったのかは忘れましたが、目白（田中邸）に行ったのを覚えています。年長の梶山さんから「おやじに対して反乱なんていう気持ちはありませんから。勉強会として竹下さんを代表にということで、一応やっておこうかというだけの話です」と言いました。おやじは納得できなかったと思いますよ。でも、けんかをしていてもしょうがないと思ったんでしょう。僕たち3人には「よしよし、まあまあよかろう」と言ってくれました。

その後に、派内で手打ちの宴会があって、そこでおやじが話した内容が本当に劇的でした。宴会の最後に、おやじが「愚者は語り、賢者は語らずという言葉がある。俺もこれからそれにならってやる」って話したんです。そうしたらその翌日の晩に倒れてしまった。

もし、もっと早い段階で、おやじから僕や梶山さんが呼ばれていたら、創政会はできなかったと思います。おやじから直接「絶対に許さん」と言われていたら、「そんなにおやじが嫌ならやめます」って言ったと思います。その程度の軽い気持ちでした。それが深刻な争いになってしまいました。

僕は派閥内で家督を決めてさえくれればいいと思っていました。そしておやじが復権するまで待とうという心境でした。ただ、権力者から見れば、後継者ができた時にはもう人心はそちらに移ってしまうからね。どんな組織だってそう。権力者は絶対に後継者をつくらない。権力者の常なんです。それをもう少し理解してやらなきゃいけなかったかもしれない。だけどそれを理解しているといつまでたっても後継者はできない。仕方がなかったのかもしれません。

田中時代の終焉《しゅうえん》

《創政会の設立から20日後の2月27日夜、田中角栄が突然倒れる。当初は脳卒中で3、4週間ほどで回復するとされたが、実際は重い脳梗塞だった。これによって自民党の世代交代は一気に進んだ。田中は、療養に専念するも国会に一度も登院できないまま、１９９０（平成２）年2月の総選挙に出馬できず、政界を引退した。》

心からの和解じゃないですから、おやじが倒れた時は何とも言えないつらさがありました。最後の宴会で「愚者は語り、賢者は語らず」って聞いて、みんなで飲んで、これでシャンシャンのはずでした。でも、おやじとしては、わだかまりは消えなかったんでしょう。

田中先生は自民党の歴代の総理総裁の中でもまれな人でした。官僚ではないし、学歴があるわけでもない。あれだけ気が利いて人の面倒見がよくて、世話好きな人もいないでしょう。人間的な心遣い、決断の仕方、行動力は本当にすごい人でした。

長期的な視点で政策を訴えられる政治家でもありましたから、官僚の方向性とも一致したんだと思います。だから官僚も言うことを聞いたんです。高速道路整備を進めた有料道路法の制定や、国土開発のための河川法の改正とか、将来を見通した政策も多く実現させました。それが戦後政治の考え方に合って官僚、地方の受けもよくてブームになったんだと思います。

ただ、田中先生は官僚中心の戦後政治の枠を超えるという人間ではなかったとも思います。右肩上がりのいい時代でもあったし、それを壊してどうこうしようという話もなかったですからね。だから田中先生の政治が変化の時代に通用したかというと、分かりません。政策的発想はその時代に合ったものでしたから。

田中先生は意見のまとめ方も上手でした。足して二で割る名人は田中先生、金丸先生、そして竹下さん。僕が仕えたこの3人は、それぞれやり方は違うけど足して二で割る名人だった。だから人心掌握にたけていたとも言えます。

右肩上がりの時はそれで良かったという面もあったのでしょう。日本は大昔から、安定して平和だったから聖徳太子の「和をもって貴しとなす」という哲学が定着したんです。大陸諸国だったらそんなことを言っていたらみんな殺されてますよ。だから長い間、日本にはリーダーは不要だったし、今もって基本的にリーダーというのを好まない。だから今の時代に困ってしまっているんです。

僕は事を荒立てるとか、我を張りすぎるとか言われますが、足して二で割る3人の名人に仕えたんだから、足して二で割るのは免許皆伝なんです。ただ、それで済むのならいいが、それで済まない時代になったから、「それじゃダメだ」といつも言っているんです。

《田中派内の勉強会としてスタートした創政会は、1987（昭和62）年7月に竹下派「経世会」として独立する。結成大会には派内の8割に当たる113人が参加。自民党最大派閥として君臨してきた田中派が消滅した瞬間でもあった。》

田中先生は本当におっかない人でしたから、ちゃんと話ができるようになったのは自民党総務局長になってからでしたね。選挙の采配を振るうっていうのは政治家として一人前として認められたっていうことですから。

会うと北海道1区から沖縄まで、1時間、2時間ずっと選挙の話。「あいつがどうだ、こいつはどうだ」「その地域はあいつがボスで、あいつとこいつが仲が良くて、こいつらは仲が悪い」とかね。選挙をやるにはそれぐらい全国が分からないとダメなんです。総理総裁になる条件は選挙に詳しいのと選挙に強いこと。選挙が詳しくても弱い政治家は総理にはなれません。昔から選挙に関して詳しいのは田中、竹下、小沢と言われたものでした。

僕もよっぽど気遣いの方だと思っているけど（笑）、おやじにはかないません。ただ、おやじの悪い点というわけではないけど、苦労した人間ほど他人を信用しない。いつも競争をしてきたから、基本的なところで人を信用していないんです。おやじもその意味で本当の心を打ち明けられる子分はいなかったと思います。僕ぐらいだったでしょう。

うちの実のおやじも本当の側近をつくりませんでした。苦労しすぎたぐらい苦労したから、最後まで自分自身でやらなきゃという意識が強かったんでしょう。僕なんかその意味では苦労しないで育ったから、人のことを信用しすぎて、みんなにだまされてしまう（笑）。

田中のおやじに最後に会ったのは「賢者は語らず」と語った創政会設立後の手打ちの宴会の晩です。倒れてからは真紀子さんが家の中に入れてくれませんでした。「竹下派に関わるやつは一切入れない」と言われ、僕も一緒に敵にされてしまいました。でも、後に僕だけは敷居をまたぐことを許されたんです。僕だけはおやじの命日の12月16日に線香を上げに行っていました。

初めての大臣

《第二次中曽根内閣の第二次改造となった１９８５（昭和60）年12月、小沢は自治相兼国家公安委員長として初入閣を果たした。同期の中では遅い方ではあったものの、43歳は閣内では最年少だった。》

総務局長、議運委員長としんどい役職を２度やらされて、そろそろ入閣となった時でした。最初、総理だった中曽根さんが「小沢は閣僚には入れない」と言ったらしいんです。中曽根さんは僕のことをあまり好きじゃなかったんですね。そうしたら金丸さんが怒ってしまって。「総務局長と議運委員長と汗をかいたのに、入閣できないとなったら党内で汗をかく人間がいなくなるぞ」と、中曽根さんに怒鳴り込んでくれて、ようやく初入閣となったんです。

まあ、中曽根さんは僕のように、はっきりと意見を言う人間は嫌いなんでしょうね。あの人も官僚だから。総務局長時代に総選挙で負けたという記憶もあったのかもしれません。

僕の初入閣は当選６回の時。同期では一番最後でしたけど、地元はそりゃあ大喜びでした。「そろそろ大臣に」ってみんな期待していましたからね。

大臣になったと実感したのは、宮中での認証式ですね。でっかい部屋で天皇陛下が真ん中にいらして、総理が脇にいるんですが、廊下にある大きい障子の陰に閣僚が並ばせられる。そして一人ずつ呼ばれるんです。「小沢国務大臣」って呼ばれて、陛下の前でお辞儀してもらうんだけど、そこで陛下から「重任ご苦労」と言われる。そりゃ緊張したけどうれしかったです。これで本当に大臣になったんだという気持ちが湧いてきました。

実際の仕事は、自治省は予算的にはけっこうありましたが、多くは特定の事業の補助金ではなく市町村にやる交付金です。大臣が多少のプラス・マイナスはつけられるけど、大体は官僚が計算通りにやってしまうんです。

自分の実力をつけないと官僚は言うことを聞きません。政治家がきちっとした論理、理念、そして哲学がないと官僚はついてこないんです。それは勉強しましたね。

僕は統治機構の大改革を唱えているから、かなりの官僚から恨まれています。それが後年の僕に対する（西松・陸山会事件での）検察の暴走にもつながったと思っています。でも本当に僕と身近に付き合って分かっている官僚は、僕のことを悪くは言いません。ただ、大多数の官僚は僕に対して、自分たちの特権を奪われるんじゃないかという恐怖感があるんでしょう。

特に検察はそういう意識が強い。警察、検察の思惑で刑事捜査をやられるというのは日本の大問題です。だから冤罪《えんざい》事件がものすごく多い。検察が起訴すれば99％以上が有罪になるのは日本だけだし、自白の強要などの問題もあります。検察の言う通りの結果が出るんだから、外国の民主主義国家から見ると裁判がいらないんじゃないかということになる。だから本当は日本はいまだに後進国なんです。

《小沢は自治相として、懸案だった衆院の定数是正法案を成立させたほか、東京サミットや天皇在位60周年記念式典の警備の陣頭指揮に当たるなど尽力した。衆院解散による1986（昭和61）年の衆参同日選挙の影響で、任期は7カ月ほどだったが、無事に大役を務め上げた。

その衆参同日選で大勝した自民党に持ち上がったのが、中曽根首相の党総裁任期（当時は2期4年）の延長論だった。閣外に出た小沢は、派閥のボスである竹下登を首相に押し上げるべく、延長論に真っ向から反対した。》

自治大臣の退任後は竹下政権の樹立のために動きました。中曽根さんはダブル選挙で勝って任期の延長論が出て、金丸先生も「当分いいじゃねえか」と容認していました。でも、僕たち竹下派の若手が金丸先生のところに行って、「それじゃあ民主主義国家じゃない。独裁国家じゃあるまいし。党則に書いているルールがあるんだ」と言ったんです。「どうしてもと言うならルールを変えてくれ」と。

中曽根さんは本当はもう1期やりたかったんですが、僕らが反対した結果、「特に認められた場合」ということで1年だけの延長になりました。これには中曽根さんも頭にきたと思いますよ。あと2年か3年やれると思ったのに、1年に区切られたものだから面白くなかった。

《中曽根後継を巡り、当時の自民党内ではニューリーダーと呼ばれた幹事長の竹下登、総務会長の安倍晋太郎、蔵相の宮沢喜一の3人が争っていた。そして1987（昭和62）年10月、小沢たちの力もあって、「中曽根裁定」という形で竹下が次期総裁に指名される。》

後継総裁選びの時も、僕たちは「絶対に総裁選をやるべきだ」と強硬に主張しました。選挙をやれば竹下派・経世会が絶対に勝てると思っていましたから。そんな僕らを中曽根さんは「チビッコギャング」とか「チビッコ探偵団」なんて言って攻撃してきたんです。中曽根さんはやっぱり官僚ですよ。若いころから政治家をやっているけど、発想は権威主義的で権力主義的なところがあります。

最終的に中曽根さんは竹下さんを後継総裁に指名しましたが、総裁選の実施を強硬に主張していたからこそ竹下さんが指名されたと思っています。竹下さんは人間関係の調整役。明確な意思や理念を持った人ではなかったけれど、みんなにニコニコで面倒見も良かったから、総理になれたんです。

皇民党事件

《竹下、安倍、宮沢の３人が総裁候補として争っていた当時持ち上がったのが、後に「皇民党事件」と呼ばれる一件だった。右翼団体の日本皇民党が「日本一金儲《もう》けのうまい竹下さんを総理にしましょう」などという演説をしながら街宣活動を行い、竹下を激しく攻め立てた。俗に言う「ほめ殺し演説」だ。》

竹下さんが総理になった時のことで思い出すのは皇民党事件ですね。僕たちは最初から「ほめ殺し演説」なんて全然気にしていませんでした。でも、竹下さんが急に青くなってしまって「もう総裁になるのを辞める」なんて言い出したんです。僕らはびっくりして「今更何を言っているんだ。あんなことを言われただけで辞めるなんて、どうしたんだ？」って言ったんですが、理由をなかなか言わないんです。

でも推察するに、竹下さんは島根県の名門の造り酒屋の長男だが、その家の人間関係が複雑でした。それに関わっての脅しだったらしい。だから竹下さんは青くなったんです。総理を目前にして

「辞める」となったものだから、僕らも「何としても皇民党にけりをつけなきゃならん」となりました。

そして誰を頼ろうかとなった時に、奥田敬和さんだったかな、金丸さんに「佐川急便の渡辺広康社長に頼んだ方がいい」という話をしました。そこで金丸さんと渡辺社長が会ったわけです。

当時は「竹下番」「金丸番」といって派内の若い議員が日替わりでそばにいて、身の回りの世話をしていて、ちょうどその日は僕が金丸さんの「番」でした。僕は渡辺社長は全然知らない人でしたから、事務方として「酒を持って来い」って言われたら持っていったりしていました。その席で、渡辺社長は稲川会の関係者と懇意だから、その人物に頼んでヤクザ同士の話し合いをしようということになったようでした。後に話し合いが行われて、皇民党側が「街宣活動を止める代わりに田中先生に直接お詫《わ》びをしてこい」ということになったんです。

《大勢のマスコミが集まる中、竹下は小沢を伴って田中邸を訪ねた。だが、中にいた長女の田中真紀子から門前払いをされてしまう。》

田中邸を訪ねるとなった時に、僕もついて行ったんですが、玄関のチャイムをピンポン、ピンポン押しても真紀子さんは出てこない。そうしたら詰めかけていた報道陣からはカメラのフラッシュをたかれるし大変でしたね。結局、会えませんでしたが、とにかく「田中邸に行った」ということで街宣活動は収まりました。

官房副長官

《竹下内閣の発足で小沢は内閣官房副長官に起用された。閣僚経験者の官房副長官就任は極めて異例。だが、小沢はそこでも類いまれなリーダーシップと調整力を発揮し、「官房長官が３人いる」とも言われた。本当の官房長官の小渕恵三、かつて佐藤・田中内閣で務めて官房長官職に精通する首相の竹下、そして事実上の官房長官と言われた小沢だ。》

階級で言ったら官房副長官はいわば大臣の下の政務次官だから極めて異例の人事でした。それまで閣僚経験者が就いたケースは３回だけでしたから。竹下さんから就任をお願いされて「分かっています。いいですよ」と応えました。まあそれまで副長官には正規の秘書官が付くことはなかったんですが、特別に大蔵省と外務省から秘書官が付いた。そういう異例の人事ではありましたが。

《竹下政権の最大の課題は、長期政権だった中曽根内閣でも実現できなかった新型間接税「消費税」

の導入だった。本格的な高齢化社会の到来を控え、安定した財源確保に迫られていた日本。だが、野党の反対が強い上に、ロッキード事件に続く大型疑獄となったリクルート事件が発覚し、国会は大荒れの状態となった。》

官房というのは政策のとりまとめ役ですが、副長官としての僕の一番の仕事は消費税の導入でした。国対委員長は渡部恒三さんでして、面白い人だが野党から攻められるとフニャフニャになってしまう。「いっちゃん、どうしよう。俺辞めなきゃならねえ」なんてすぐに言うんだ（笑）。野党との交渉は強烈でした。そりゃもう大変でした。それを僕がやるということになったんです。

社会党は本音は別にして、全くの反対でした。まあその後に自民党と組むような党だから中身はいいかげんなんだけど。社会党と共産党は最初から無理。だから公明党と民社党をくどかなきゃいけませんでした。当時の民社党の国対委員長は小沢貞孝さん。公明は市川雄一さんだったと思います。ネゴ（ネゴシエーション＝交渉）では、公明・民社が「（所得税など直接税の）減税を先行させろ」と要求してきたんです。だから僕は「減税を先行したら絶対に賛成するか？」って詰め寄りました。そしたら「する」って言うから、「よし、じゃあそれを信用するぞ」と言って、僕が「自分の責任で減税を先行させる」と言って進めたんです。

約束は守りました。僕が守ったから相手も守った。僕は野党と変な駆け引きはしません。党内でもそうですが、ビシッとした筋論を言い、一方で野党の言い分を守りました。

そうしたら竹下さんのところに、大蔵大臣の宮沢（喜一）さんと２人で呼ばれてね。宮沢さんは「先に（減税を）やると食い逃げされちゃうんじゃないでしょうか。大丈夫でしょうか」なんて言う。僕は「絶対に大丈夫です。その時は俺が腹を切る。責任を持ちます」と言って納得してもらいました。消費税問題は中曽根政権もできなかった大きな懸案でしたからね。

官房副長官の前には議運委員長もやっていたから、野党との関係はもちろんありましたが、消費税問題でより野党との信頼関係は強まったと思います。当時の共産党で国対をしていたトンチュウ（東中光雄）さんも「あんたはきついけど、言ったことは守ってくれる」と評価してくれたぐらいです。野党であろうが誰であろうが約束を守らないといけないということです。

その後に、幹事長をやった時も、細川内閣の時にも、この野党との関係が生きてきたんです。公明党の市川雄一さんとの「一・一ライン」とか、民社党の米沢隆さんを加えて「ワン・ワン・ライス」とか言われましたね。いい思い出です。

異例の日米交渉

《内閣官房副長官の小沢にとって消費税に次ぐ仕事は、これも中曽根政権からの懸案であった日米経済交渉だった。日本が経済成長をするにつれて激しさを増していた米国との経済摩擦。日本の建設市場開放を要求する米国に対し、交渉の日本側責任者として指名されたのが小沢だった。閣僚ではない官房副長官が外交交渉の責任者となるのは極めて異例だった。》

外国との経済交渉は通常、外務省と建設省の幹部が出て行って事務折衝を行い、最後に大臣で決着するんです。でもこの時は決裂してしまい、それで僕にお鉢が回ってきたんです。僕は建設政務次官も務めたし建設委員会にもいて、内容を知っていましたから「お前が行け」ということになったんでしょう。官房副長官で外交折衝をやるなんて、前代未聞のことでした。

最初は日米建設交渉。この時の交渉相手はマイケル・スミスという米通商代表部（ＵＳＴＲ）次席代表で、日本の官僚から蛇蝎《だかつ》のように嫌われていた人間でした。公式の会議でも野球帽をかぶってくるような変わった人で、日本のことをものすごく下に見ていた。彼の話は「日本人はうそつきだ」から始まるんです。「うそつきとはどういう意味だ」と僕が言うと、「日本人はニコニコ笑いながらその気もないのに『はい、はい』って返事をする」と言うんです。

確かに、佐藤栄作総理とニクソン大統領の日米繊維交渉の際、日本側は米国に「make great efforts」と言ったことがありました。ニクソン大統領は日本の総理が「最大の努力をする」と言った以上は「オーケー」と解釈したんですね。でも佐藤さんが言ったのは「前向きに検討する」という言葉でした。これは日本では「やらない」っていうことに等しい。だが、外務省は「ノー」と言ったら大変なことになるから「最大の努力をする」なんていいかげんな通訳をしたんです。でも後になってそれが「ノー」という意味だと分かってアメリカが怒った。こういう手を外務省はしょっちゅう使うんです。

この時も同じような感じでした。いいかげんなんです、外務省の英語というのは。だから２度目の交渉の時には僕の知り合いのアメリカ人を通訳として連れて行きました。

アメリカとの交渉でさらに困ったのは、両国の入札制度が違うことをアメリカ側が分かっていないことでした。交渉は「まずは俺たちの制度を認めろ」というところから始まりました。そこで僕は「私は絶対にうそはつかない。アメリカにはアメリカのシステムがあり、日本には日本のシステムがある。これを認めてほしい」と言ったんです。

だから最初の段階ですごく時間がかかりました。それを認めさせるまで交渉に入らず、２、３日はかかった。最後までアメリカ側は「agree（同意する）」とは言いませんでした。でも「recognize（認める）」と言い、そこから交渉が始まったんです。

その後の交渉は、僕の判断でどんどん進めるから役人は「そんな、そんな」なんて言って慌てていましたよ（笑）。それで「それならオーケーだ」となって、交渉を妥結しました。最後にはＮＴＴ本社の建設をアメリカ企業にやらせるという「隠し球」をお土産として渡したことを覚えています。

それまで僕は外交なんてやったことはありませんでした。でも外交だって何だって同じだということです。きちっとした主張をしないとダメなんです。

《竹下政権から宇野政権へと移り、官房副長官を辞任した小沢だったが、その力量を買われ、日米電気通信交渉でも日本側責任者として折衝に当たる。》

日米がけんかになっちゃって誰も行けないというので、これも僕が担当しました。そこでも交渉が紛糾して、USTRの会議場で本当に頭にきて怒ったんです。見せたかったね。「また同じことを繰り返すのか。あんまり分かんないことを言うんなら、もうやめだ」と言い放ちました。「帰る」と言って記者会見もしたんですから。そうしたら国務長官だったジム・ベイカーはびっくりしてね。それでアメリカが慌てて交渉を進めたんです。

結果的にそれが今の携帯電話の日本の普及につながりました。本来なら自民党の部会を通さないとダメな案件ですが、僕は部会には出ないし、自民党から交渉を頼まれたわけでもない。誰も交渉できないって分かっていたから、了承なしに交渉を進めても誰も文句を言えなかったんです。

外交交渉では、日本人の「まあまあ」なんていう適当な言葉は通用しません。ビシッと言わないといけない。そして約束したことは絶対に守るということです。

《日本側の立場を強く主張する一方で、米側にも配慮しながら交渉し合意にこぎ着けた小沢。そんな小沢を、当時の米商務長官ベリティは「タフ・アンド・フェア・ネゴシエーター」(手ごわくかつ公

正な交渉相手）と評した。》

「タフ・アンド・フェア」なんて、英語では最高の褒め言葉です。僕はうそをつかないし、官僚にごちゃごちゃ言わせない。僕の責任で判断し「いいものはいい。ダメなものはダメ」と言うだけです。僕の発想は欧米人とよく似ているんです。だから日本人からは嫌われるのかもしれません(笑)。国際社会では日本人の曖昧さは絶対に通用しません。日本人同士であれば、言外の意味を「まあまあ分かるだろ、なあ」って言っていればいいが、外国人は言外の意味なんて理解できません。

今の日本外交だって全然ダメじゃないですか。アメリカにもロシアにも中国にも韓国にも全然通用していない。安倍政権はあれだけお金をかけていろいろ海外に行って、ニコニコして握手をしていますが、何一つ成果を生んでないじゃないですか。それは中身が無いからです。

※　新自由クラブ…1976年6月、ロッキード事件で腐敗体質を批判して河野洋平ら国会議員6人が自民党を離党し、「保守政治の刷新」を掲げて結成した政党。直後の衆院選で17人を当選させ新風を巻き起こすが、路線対立などから約10年で多数が自民党に復党した。

第3章

豪腕伝説

新幹線水沢江刺駅で地元支持者らの出迎えを受ける小沢一郎幹事長＝１９８９年11月３日

１９８８　昭和63　６月　リクルート事件が表面化
１９８９　昭和64　１月７日　昭和天皇崩御
平成元　４月１日　消費税スタート（３％）
６月３日　宇野内閣が発足
６月20日　**日米電気通信協議で訪米**
７月23日　第15回参院選、自民が歴史的大敗
８月10日　**海部内閣発足。**
自民党幹事長に就任（47歳）
12月３日　米ソがマルタ会談。
東西冷戦の終結を確認
１９９０　平成２　２月18日　**第39回衆院選、**
自民が安定多数＝当選８回
８月２日　イラクがクウェート侵攻
10月３日　東西ドイツ統一
１９９１　平成３　１月17日　湾岸戦争が勃発
３月25日、26日　**北方領土問題で**
ゴルバチョフ大統領と会談
４月８日　**都知事選敗北で幹事長辞任。**
経世会の会長代行に（48歳）
10月10日　**自民総裁候補３人と面談**
11月５日　宮沢内閣が発足
１９９２　平成４　５月　細川護熙氏が「日本新党」結成
６月15日　国連平和維持活動（ＰＫＯ）
法案が成立
８月　佐川事件で金丸副総裁への
５億円献金が発覚
10月14日　金丸氏が議員辞職
10月28日　**竹下派会長に小渕氏。**
小沢系が新政策集団を旗揚げ
12月18日　**羽田派が発足。小沢氏ら44人参加**
１９９３　平成５　３月６日　脱税容疑で金丸氏逮捕
５月　**「日本改造計画」を出版**

海部擁立と幹事長就任

《1988（昭和63）年、未公開株が政財官界の有力者に譲渡されていたことが発覚し、一大スキャンダルに発展した。この「リクルート事件」※1は、首相の竹下登のほか幹事長安倍晋太郎、蔵相宮沢喜一ら有力政治家を巻き込み、竹下は翌年、内閣総辞職に追い込まれた。次いで宇野宗佑《そうすけ》が首相に就くも女性スキャンダルと参院選の敗北で、在任わずか69日で退陣。参院で結党以来初の過半数割れに追い込まれた自民党は、首相候補不在の危機的状況に陥った。そこで急きょ各派閥の事務総長による会合が開かれた。》

僕は事務総長ではなかったですが、梶山さんから「お前も来い」と呼ばれて参加しました。後継の総理総裁を誰にするか話し合ったんですが、リクルートでみんな傷ついて誰も候補がいない。宮沢さんもミッチー（渡辺美智雄）も安倍（晋太郎）さんもダメ。橋龍（橋本龍太郎）さんも宇野さんの時の幹事長でぼろ負けした参院選の責任があるからダメでした。各派が集まっても全く候補者が見当たらなかったんです。

「誰もいないなあ、いないなあ」って当選年次の高い人から順に挙げていくうちに、「海部（俊樹）はどうだ」って話が突然出てきたんです。山口敏夫さんが言い出したのだったかなあ。年次が高くてリクルートと関係ない人間に絞ったら「海部がいる」ということになったんです。スキャンダルは無かったし、もともと三木派だからイメージとしてクリーンだ。早稲田大学雄弁会出身で弁舌がさわやかで、いい人ではあったからね。ああいう性格だから敵もいない。森喜朗さんも竹下さんも雄弁会出身で、近いというのもありました。

でも人生は分からない。運命だね。海部さんと同じ派閥の人が、新聞に「海部総裁」と載っていて、「なんで海部なんだ?」とびっくりしたっていう笑い話があるぐらい、誰も予想していなかったんです。

《事務総長会議で海部俊樹の擁立が決まると、次は党三役人事だった。そこで要の幹事長として竹下派会長の金丸信が指名したのが小沢だった。》

金丸さんから「（幹事長の）橋本は責任を取ってやめなきゃいけないから、お前がやれ」と言われたわけです。僕が幹事長っていうのは「まさか」と思ったから、びっくりしました。自治大臣の次に官房副長官、そして幹事長とはあまりに飛びすぎ。もうワンステップ何かやってと思っていましたからね。

それに梶山さんに先にやってもらってから、という思いもありました。梶山さんも「俺が幹事長になって小沢の面倒を見る」と思っていたらしい。だから僕は「梶山さんにしてください。俺は困ります」「同期でも梶山さんの方が年は上だし、地方議員もしていてキャリアも上ですから」って断ったんです。僕は47歳で若いし急ぐ必要もなかったけど、梶山さんはそのころは60歳を超していましたから。

でも金丸さんは「お前やれ、お前やれ」の一点張りでした。ああいう性格だから絶対に引かない。「俺がやれって言ってるのに、やらないのか」って怒っちゃってね。それで仕方なく引き受けたんです。

梶山さんとの関係がちょっと悪くなったのはそこからだったと思っています。その後に、龍ちゃん（橋本龍太郎さん）のところにも行って「金丸先生にそう言われたんだけど」と話したら「そりゃあお前がやればいいじゃないか」と言われました。あまり機嫌は良くなかったけどね。そこでも橋本さんと立場が逆転してしまった。それぞれの歯車が変わっていった出来事でした。

幹事長の仕事

《1989（平成元）年8月、海部政権の発足とともに小沢は自民党幹事長に47歳という若さで就任する。政治の父である田中角栄が佐藤内閣の幹事長に就任したのも同じ47歳。権力の中枢に上り詰めた小沢は、就任あいさつで「とにかく選挙に勝つ。国民の信頼回復に向けて政治改革を行う」と宣言した。》

自民党幹事長に決まりにこやかに握手する小沢一郎氏（中央）。左は唐沢俊二郎総務会長、右は三塚博政調会長＝１９８９年８月９日、自民党本部

田中先生は常日頃から「政治家の最高の目標は与党の幹事長になることだ」と言っていました。それぐらい、当時の幹事長は人事も金も選挙も、あらゆることに力がありました。田中先生を意識するところはもちろんありましたよ。自民党の幹事長は権力の象徴。総理総裁は行政の側に行くから、あとのことは全て幹事長に任せられる。極端に言えばオールマイティーです。でも自分でも予想もしていませんでしたから、無我夢中で仕事をしました。

地元では「将来の総理候補だ」って、すごく喜んでくれましたよ。表では意識はしなかったですが、与えられた職責をきちんと果たしていれば、将来は自分も総理総裁になれるかも、というのは潜在的な意識としてはあったように思います。自分の考えを実行するには、やはりポストとして総理にならなきゃだめだとは常々思っていました。

幹事長となって最初の思い出はハマコー（浜田幸一）さんだね。金丸先生から「ハマコーをどうしても役員に入れろ」と言われて、困ったんです。それでどうしようもないから国民運動本部長に就いてもらいました。そうしたらハマコーさんがえらく感謝してくれてね。「小沢幹事長に役員にしてもらった」ってとても喜んでくれたんです。

閣僚の選考でも困りました。各派閥に割り振るんですが、宏池会の重鎮だった斎藤邦吉《くにきち》さんが僕の所に来て「誰でもいいから決めてください」と言うんです。「僕が決めるんじゃないから、そっちで決めてください」と話しても、「あんたが決めてくれ」と言う。総理でもないのに困り果てましたね。それだけ各派が幹事長を頼ってきました。まあ僕というより最大派閥の経世会の力にということでしょうが。

衆院選を指揮

《幹事長に就任して真っ先に取りかかったのは次期衆院選に向けた業界団体への協力要請だった。経団連幹部と極秘に会談を持った小沢は、その場で300億円の献金を要請する。》

経団連の事務所に行って僕は「宣伝広告費を含めると1人1億が必要になる。300人立候補させるのに、300億円の献金をお願いしたい」と申し入れたんです。そうしたら当時の会長の斎藤英四郎さんは、たまげて腰抜かしていましたよ。その場で認めたわけではなかったですが、僕も強く言ったものだから、ダメだとは言いませんでした。「豪腕の始まり」って言われますが、そうかもしれません。

あとは候補者の選定。総務局長時代の経験もありましたが、徹底して実力主義を貫きました。欧米ではそうですが知事選までも政党化している。知事選で党公認まで求めはしなかったですが、きちんと政党が主導して候補者の擁立をしなければいけないと考えました。

それに総務局長の時もそうしましたが、幹事長時代には田中派の会合には一切行きませんでした。

そこだけは守りました。公正を疑われてはいけないからね。会合に出たらどうせ「派閥の者を支援しろ」と言われます。でも僕は「派閥に関係なく強いやつを優先させる」と言っていました。「強くならなきゃ選ばない」とね。そうでないと選挙には勝てない。情実は無用なんです。

《幹事長として指揮を執った1990（平成2）年2月の衆院選で自民党は安定多数を獲得し勝利する。消費税導入やリクルート事件への批判で、参院で議席の過半数を割り込むなど厳しい国会運営を強いられていた党のムードはこれで一変。永田町でも小沢への評価はさらに上がった。》

幹事長として全国の選挙区も回りました。ただ、舞台の上の役者の海部さんやその後の小泉（純一郎）さんなんかと違うのは、僕は舞台を作って、役者を舞台に乗せる役目です。

幹事長が全国を歩くのは選挙前です。地元に入ると運動をちゃんとやっているかどうかがすぐに分かります。世論調査をやるのですが、それに加えて自分で歩いたり、選挙を知っている腹心を歩かせたりもしました。事務所に行ったり選車を追っかけたりするとすぐに分かります。関係者の雰囲気や時の沿道の人の反応とか、現場を見ることで情勢が手に取るように分かるんです。

候補者をビシビシ指導して、選挙期間中は東京で決裁などの仕事をこなす。投票日の間際まで「金をくれ」「応援弁士をよこしてくれ」とかいろいろな要請がありますから、その調整が忙しかったですね。

選挙に詳しいといえば佐藤内閣で幹事長を長くやった田中先生だし、それを竹下さんが受け継いで、その後が僕という感じでした。選挙は面白いですよ。勝つか負けるかだからね。

湾岸戦争

《1990（平成2）年8月のイラクによるクウェート侵攻をきっかけに、米軍主体の多国籍軍が翌年1月17日にイラクを空爆し、湾岸戦争が勃発した。これを受けて日本国内は支援の在り方を巡って大論争となった。》

開戦直前、夜中まで政府与党首脳会議をやっていたんですが、政府の初動は全く遅かった。会議のさなかにクウェートに米軍が50万人集まっていたんですが、外務大臣と外務省は「絶対に戦争は起きません」と言う。外務省出身の加藤紘一《こういち》さんも「戦争は起きない」って言うんです。でも僕は「ただのデモンストレーションで50万人も兵を集めるか。絶対に戦争だ」と断言しました。それでも外務大臣は「ありません」と言い張ったんです。要するに日本はアメリカから何も伝えられていなかったということです。これが日米同盟の実態。今でもそうです。

この時、アメリカから電話が来たのは開戦の直前でした。政府与党首脳会議が終わって家に帰って、寝て3、4時間たった頃に「『戦争を8時から始める』とアメリカから通告がありました」と連絡を受けたんです。日本政府なんてアメリカにとってはその程度なんです。ブッシュ大統領の息子が大統領だった時に起きたイラク戦争の時は、連絡は開戦後でした。日本はアメリカから全く相手にされていない証拠です。

《湾岸戦争の勃発を受け、幹事長だった小沢は目に見える国際貢献をしようと、自衛隊による多国籍軍の後方支援を可能にすることを盛り込んだ「国連平和協力法案」を国会に提出する。だが、自衛隊派遣と憲法解釈の問題などで、国会では社会党が強く反対したほか、自民党内からも異論が出て足並みが乱れた。》

国際貢献のためにはちゃんとした法制度を整備すべきと考えました。そうしたら外務省、防衛庁が反対するんです。驚くべきことです。先が見えていない。それで国連軍に参加するという法案を出しました。だが国会答弁で外務省の担当局長がおろおろして、予算委員会で野党に突っ込まれて審議が止まってしまいました。要するに局長本人もそんな考えがないし、外務省はそれほど考えてもいなかったんです。だから答弁できなくなってつぶれてしまった。

表向きは自衛隊の海外派遣が憲法に触れると主張するが、要するに「危うい」ことに手を触れたくないということなんです。日本人は今もみんなそう。それが官僚も政治家もみんな頭に染みついている。表向きの理由を憲法問題にしているだけで、「憲法上問題ない」と言ってもダメなんです。

横田喜三郎《きさぶろう》という最高裁長官も務めた東大教授は「国連の要請があれば出兵して、国連の指揮の下での武力行使であれば日本の自衛権の発動ではない」と著書で述べています。だから僕は「憲法９条には反しない」と主張したんです。最近になって安倍総理の安全保障に関する有識者懇談会が同じことを答申として出しています。

当時は憲法解釈として少数派だったけれど、憲法９条に反しない、きちんと成り立つ論理でした。なぜなら日本の自衛権の発動ではなく、国連が警察権を行使する時に、その中の一員として行くわけだからね。日本の自衛権、国権の発動たる武力の行使とは違うんです。でも「戦争は嫌だ」とか、そういうたぐいの風潮がダメにしたんです。

結局その後、公明党の意見を入れて、国連総会や安全保障理事会の決議を前提に自衛隊の海外派遣を認める国連平和維持活動（ＰＫＯ）協力法案を作りました。この法案は不本意だったけど、最初の法案が廃案になったから仕方なく出した格好でした。


《湾岸戦争では多国籍軍への財政支援も大きな議論となった。幹事長の小沢は90億ドル（当時の日本円で約１兆２千億円）の支援策を取りまとめる。》

大蔵大臣だった龍ちゃん（橋本龍太郎）が訪米する時に、「支援の要請があれば、いくらになるか分からない。結構多い額になるかもしれない」と相談を受けました。それで僕は「あなたの思うように交渉して、いくらでもいいから決めてきてくれ。ちゃんとやるから心配するな」って言ったんです。龍ちゃんは「ありがとうな」って喜んでアメリカに行きましたよ。

この時の支援は1年限りの臨時的な増税で賄いました。その際に大蔵省との議論があったんですが、主税局が「臨時の支出なんだから赤字公債でやってくれ」と言ってきたんです。でも僕は「日本の国際協力は大事なことだ。だから国民にそれを知らせた方がいい」と言って臨時増税をすることで押し切りました。

《多国籍軍への90億ドル支援を盛り込んだ補正予算案は、自民、公明、民社の3党の賛成によって成立する。幹事長の小沢はその後も、社会党を除いたこの自公民の枠組みによる連携を強めていった。》

自公民の関係を築いたのは、竹下政権で消費税の導入を議論した内閣官房副長官の頃からです。もっとさかのぼると議運委員長のころに、ロッキード事件が国会で問題になった時以来からの関係。互いに連携していくうちに自公民が何とはなしに、そういう枠組みになったんです。消費税もその枠組みで通すことができました。社会党とはいろんなところで裏ではつながっているんですが、表向きは賛成とは言えないからね。その意味で湾岸戦争でも消費税でも社会党は相手になりませんでした。

僕の著書の「日本改造計画」でも書きましたが、安全保障問題について日本は「普通の国」になるべきだと思っています。ただ、この「普通の国」という言葉が、マスコミなどで非常に議論になってね。なぜか僕の主張が軍事大国のイメージにされてしまった。それは全くの見当違いです。日本が国際国家になるためには、安全保障に関しても普通に国際貢献ができる国にならなければいけないという思いがあったんです。

激動する世界

《１９８９（平成元）年11月、東西冷戦の象徴だったベルリンの壁が崩壊した。翌12月にはブッシュ米大統領とゴルバチョフ・ソ連共産党書記長が地中海マルタで会談、東西冷戦の終結を宣言する。この激動の世界情勢の中で、幹事長の要職にあった小沢は、いや応なしに世界の中での日本の進むべき道を模索していった。》

世界情勢の変化はかつてないほど大きかったです。冷戦時代は共産主義の防波堤という位置づけで、特にアメリカが日本に対して特別な庇護《ひご》というかサポートをしてくれていた時代でした。でも冷戦の終結で敵がいなくなったことを一つの境にして変わってしまった。貿易摩擦などいろいろなことが起きてきたこともあって、日本も独り立ち、自立を求められたんです。

日本の戦後は奇跡の復興と言われますが、事実上はアメリカの技術と市場の恩恵を受けて、一方的な庇護によって産業は復興し、その後に成長したんです。でも冷戦も終わりその必要もなくなったし、アメリカも日本を支えるのがしんどくなってきたという側面がありました。

湾岸戦争の当時から、アメリカからは「ショー・ザ・フラッグ（旗を立てろ、存在を示せ）」と強い要請がありました。「お前らは戦いなんかできないし、しなくていいから、後方の野戦病院でも物資輸送でも何でもいいから参加してくれ」という意味です。「お前ら日本人はおかしい」とアメリカからかなり強い圧力があったんです。それは強烈でした。

そこで僕は、現地に物資を運ぼうと船会社や飛行機会社に要請するよう段取りをしましたが、全て断られました。政府が頼んで「ノー」と言われるんだからばかにされているし、政府も本気で頼んでないからなんでしょう。アメリカに「日本の船舶はペルシャ湾には入れない。ダメだ」と伝えたら、「何を言ってるんだ。日本のタンカーは何十隻もペルシャ湾にいるじゃないか。お前らは自分のことなら行くのに、みんなのためには行けないのか」と言われてしまいました。

それで僕も仕方がないですから、シリアを通じて逃げてきた人たちをエジプトに運ぶために、無理やり自衛隊を派遣するための輸送機の派遣をセットしたんです。エジプトの空軍基地を借りて、途中の給油のためのタイかどこかの基地も借りる手配をしました。そして「さあオーケー」となった時に、海部首相から待ったがかかり、結局、実現しなかったんです。
《結局、湾岸戦争の開戦中に日本が自衛隊を派遣することはできず、停戦後に初の海外派遣として掃海艇をペルシャ湾に送ることになる。》

掃海艇の隊員が帰ってきて慰労会の時に、隊長から「えらく恥をかいた」という話を聞きました。米軍の将校と話した時に、隊長は「戦争への出動は遅れてすまなかった。だけど日本は1兆何千億の援助をした。国民当たり１００ドルだ」と言ったらしい。そしたらその将校が財布から１００ドル札を取り出して「俺がお前に１００ドルやるから、代わりにお前がやってくれ。１００ドルで済むなら戦争になんて行きたくないよ」と言われたというんです。隊長は大恥をかいて帰ってきたそうです。

こんな話があるぐらい日本は世界から信頼されていなかった。それでクウェートが戦後に発表した感謝する国の中に日本は入らなかったんです。それが国際社会の実態ですよ。

北方領土交渉

《第2次世界大戦後、日本とロシアとの間で長年の懸案として横たわり続ける北方領土問題。幹事長時代、小沢は領土交渉にも力を注ぎ、当時のゴルバチョフ・ソ連大統領との会談を行い、あと一歩のところまで迫った。》

その時はものすごくロシア側の感触が良かったんです。1990（平成2）年でしたが、ゴルバチョフ大統領の側近で、後にクーデターを起こしたヤナーエフら3、4人が日本に来て、「ゴルバチョフが本当に島を返す気でいる」という話をされました。それの直接的な窓口になったのは熊谷弘さん（元官房長官）だった。半年か1年ぐらいお互いにやりとりを続けて、実際に僕が行く前にも「本当か」とまた確かめたんですが、「本当だ」という。だから僕が直接ソ連を訪問したんです。

その時、日本はソ連に100億ドルか200億ドルの借款をしていた。まずは「それをチャラにしてくれ」という話で、そのほかに10倍～20倍ぐらいの金を彼らは欲しがっていました。当時、ソ連は経済的に苦しかったから国民生活を何とかしないといけないとなったんでしょう。特にシベリアはものすごい生活程度が低かった。それでこっちも「いいよ」となったんです。

その時、この話で合意すると数兆円規模の金が必要になるかもしれないということで、大蔵省の斎藤（次郎）主計局長に指示をして、この金額だと坪いくらになるなんて計算させてね。「それなら安い買い物だ」なんて話になったんです。もちろん4島全てです。大蔵省も「それぐらいで済むならいいです。話をつけてください」となって、それでソ連に行ったんです。

１９９１（平成３）年3月でした。モスクワでゴルバチョフ大統領と会談をしました。でも、さっぱり領土問題の話が出ません。それで「戦争でどうのこうの」という話をし始めたから「何を言っているんだ。日本はソ連と戦争なんかしていないよ。お前たちが一方的に中立条約を破って戦争を仕掛けたんじゃないか」と言い返したんです。そしたらゴルバチョフは黙っちゃってね。大使は喜んでましたよ。日本人でそんなことを言った政治家はいなかったらしいから。

あいさつを交わす小沢一郎幹事長（右）とゴルバチョフ・ソ連大統領＝１９９１年３月２５日、モスクワの共産党中央委本部

それでも領土の話が出ないから僕は怒ったんです。「ふざけるな。はるばるやって来たのに」って。そしたらゴルバチョフが「もう一度会いたい」と言って、彼の党の事務所に移って2度目の会談をしました。僕が「あなたの部下が日本に来て、返すと言ったじゃないか。だから来たのに」と言ったら、「申し訳ない、申し訳ない」と繰り返していました。ゴルバチョフの回顧録では違うことを

書いているようだが、そんなことはない。それならわざわざ2度も会う必要ないでしょう。

彼は「申し訳ないが、今はそういう状況じゃない」って言い訳をし始めたんです。僕も頭にきたんだけど、それ以上どうすることもできませんでした。

後で聞いた話ですが、ゴルバチョフは僕との会談の少し前までは本気で返還を考えていたらしい。ただ、当時は急速に政権がレームダック（死に体）になっていた。急速に経済が悪くなって、僕が行った時にはそれだけの力がなくなっていたということでした。

ロシア訪問後に僕はアメリカにも寄ったんです。そこでブッシュ大統領やベイカー国務長官に会って、「ロシアはどうでした」と聞かれたので、「ゴルバチョフは決断できないようだ」と話したら「やっぱりそうでしょう」と言われました。レームダックになって力がなくなっていたのはアメリカも分かっていたんでしょう。

《ただ、小沢の尽力もあって、その1カ月後、ゴルバチョフ大統領が初来日する。そして海部首相と「日ソ共同声明」に署名し、4島を明記して領土問題が存在することを初めて文書で認めた。》

でも惜しかった。もっと早い段階で思い切って話を詰めて交渉していたら、北方領土は返ってきたかもしれません。本当に惜しかった。でもゴルバチョフは今のプーチン大統領なんかよりはるかに素直ですよ。「申し訳ない」と認めたんだから。

プーチンはしたたかでいいかげんな人間です。ただ、人気もなくなってきてだんだん経済も厳しくなってきているから、彼らが経済的に困ったときに日本に「頼む」となるかもしれません。ロシアの国民感情では「領土を譲るな」となるけど、本当に食えなくなったらどうでしょう。極東ロシアは中国に出稼ぎに行っているぐらい経済がひどい。日本と自由な貿易圏に入ったら本当は喜ぶでしょう。その意味でまだ希望がないとは言えないと思っています。

ただ、戦争で失った領土は戦争でしか返ってきたことはないというのが歴史の事実です。唯一の歴史上の例外はアメリカが返還した沖縄と小笠原なんです。その点ではアメリカは理解のある国だと思います。

ロシアは「お前らが戦争を仕掛けた」というような理解できない話をする。「日独伊三国同盟をやったからお前たちが悪い」という話をするんですが、日ソ中立条約を破棄して、火事場泥棒のようなことをした向こうはもっと悪いでしょう。

政治改革への執念

《幹事長時代の小沢が本格的に取り組んだのが、初当選当時から主張していた小選挙区制の導入を柱

とした選挙制度改革だった。だが、当時の自民党内には反対論も根強く、改革は思うように進まなかった。》

当時、自民党政治改革本部の本部長と本部長代理をしていたのが、伊東正義さん（官房長官、外相など歴任）と後藤田正晴さん（官房長官、副総理など歴任）でした。この2人がある日、幹事長室に来て、「小選挙区は今すぐには無理だから、いずれ導入するという『お経』のような法律を作ったらどうだ」と言うんです。党内の反対が強いからそれでお茶を濁そうということでした。それで僕は「そんなことではダメだ。本当にやるんです」と強く言いました。そしたら2人ともびっくりして、腰を抜かして帰っていきましたよ。

一方で羽田孜さんには選挙制度調査会長をやってもらっていて「そっちはそっちで進めてくれ」という話をしました。政治改革といえば当時、後藤田さんと伊東さんがシンボリックな存在だったのは事実です。でも後藤田さんですらすぐにやる気はなかった。実はその程度だったんです。自民党全体もそういう雰囲気でした。実際に金丸さんも竹下さんも賛成ではなかった。表向きは「反対」とは言わないけど。僕が主張しているからしょうがなく黙って見ているだけで、「小選挙区はできない」と思っていました。そうしているうちに海部さん

自民党大会の壇上で談笑する海部首相と小沢幹事長＝１９９１年1月２４日、東京日比谷公会堂

が総理を辞めてしまい、その後の宮沢政権でも実現できませんでした。

僕は「政権交代を可能なものにしないと民主主義国家ではない」「一つの党だけ政権を半世紀やっているなんてバカなことがあるか」と当時から主張していました。「だから日本は民主主義ではない。先進国ではないんだ」と。政権交代をやりやすいのが小選挙区制度。与党にいながら「選挙制度を変えて政権交代を促さないとだめだ」と訴えていたんです。小選挙区制を導入すれば自民党はいずれ負けます。でも僕は自民党のみんなに「それでいいんだ。負けたらまた一からやり直せばいいんだ」と何度も言っていました。

一方、野党も小選挙区には反対が多かったんです。昔から自民党は苦しくなった時に小選挙区制度の導入議論を出してくる。鳩山一郎政権の時の「ハトマンダー」※2もそうだし、田中のおやじも政権運営が厳しくなった時に小選挙区制を言い出したことがありました。だから野党には警戒感があったんだと思います。

当時の社会党は、中選挙区制度のままでいれば１２０か１３０議席ぐらい取れるが、小選挙区制を導入したら全部自民党に取られてしまうと思っていました。だから野党も「このままでいい」と思っていたんでしょう。だから万年野党なんです。

でも僕は野党に対しても「そんなことはない」と言っていました。事実、その後に野党が勝って政権交代が起きたわけです。今は小選挙区制度による政権交代可能な議会制民主主義が定着する過渡期だと思っています。何かあればすぐに政権はひっくり返りますよ。

東京都知事選と幹事長辞任

《1991（平成3）年4月に行われた東京都知事選挙で、党幹事長の小沢は都連の反対を押し切って新人で元NHKキャスター磯村尚徳《ひさのり》の推薦を決定した。これによって自民、公明、民社の3党本部の推薦による磯村と、自民党都連が推す現職鈴木俊一との史上初の保守分裂選挙に突入する。》

あれも僕がむちゃくちゃやったと思われているんです。何でも僕の責任になるんだ（笑）。あれは湾岸戦争での国際貢献の問題で、公明党を賛成に引っ張り込まなきゃならなかったから、公明党が磯村さんを推薦してきて「やるならいいよ」と応じたんです。創価学会、公明党と同調することで、それを盾にして自公民で湾岸戦争での連携もやれるという思惑がありました。だから「党内で何があろうと俺がやる」と反対を突っぱねたんです。

それにしても現職の鈴木さんもさすが官僚です。「自公民の3党の推薦がなければ立候補しません」と最初は言っていたんですが、公明が推薦しないことになって、「じゃあ辞めるんでしょ」と僕が言ったら「それでもやる」と言うんです。だから僕は「約束が違うんじゃないか」と怒ったんで

料金受取人払郵便

盛岡中央局
承　認

2087

差出有効期限
2025年5月
31日まで
（切手を貼らずに
お出し下さい）

郵便はがき

0208790

100

（受取人）
盛岡市内丸3－7

岩手日報社

コンテンツ事業部 行

お名前

ご住所　〒

年　齢　　　　　歳

・小学生　・中学生　・高校生　・一般（ご職業　　　　　　　　）

電　話

※個人情報はご注文の書籍発送や新刊等のご案内以外には使用いたしません。

＊　「岩手日報社の本」愛読者カード　＊

このたびは「岩手日報社の本」をご購入いただきありがとうございます。今後の参考にさせていただきますので、下記の項目にご記入ください。第三者には開示いたしませんので、ご協力をお願いいたします。

書名 ＿＿＿＿＿＿＿＿＿＿＿＿＿＿＿＿＿＿＿＿＿＿＿＿＿＿＿＿

■この本を購入したきっかけを教えてください。

1. 店頭で実物を見て（①表紙　②内容　③帯のコピー）
2. 著者のファン　　　　3. 友人・知人から
4. 岩手日報の広告・告知記事
5. 書評・紹介記事（新聞・雑誌名　　　　　　　　　　　　　　　）
6. インターネットのレビュー（サイト名　　　　　　　　　　　　　）
7. その他（　　　　　　　　　　　　　　　　　　　　　　　　　　）

■この本についてのご感想ご意見をお書きください。

ご感想は小社の広告等に匿名で掲載させていただく場合があります。

店頭にない書籍は、こちらからご購入いただけます。
オンラインショップ「岩手日報社の本」　https://books.iwate-np.co.jp/

す。ころころ話を変える人間は信用できません。

《都知事選は当初から小沢の強引な手法に「年寄りいじめ」「岩手の人間が東京に首を突っ込んでいる」などと世論の反発を招き、自民党本部が推薦した磯村は劣勢に立たされた。結局、ふたを開けてみると現職鈴木の圧勝。小沢は開票日当日、都知事選を巡って生じた党内の混乱の責任を取る形で辞任する。》

地方選挙だから辞める必要はなかったんですが、都連がみんな反対して大騒ぎでしたから、「そんなに文句があるなら辞めてやる」という心境でした。

選挙は結果的には負けましたけど、公明党の信頼を得たことで、後にＰＫＯ法案を通すことができたと思っています。ただ、そういう大きな目的があったとはいえ、僕がある意味で押し切って負けたんですから、責任を取るということにしました。

そうしたら海部さんがびっくりしてね。「辞めないでくれ」と引き留められました。ただ僕の気持ちは変わりませんでした。みんなの反対も押し切って負けたんだから仕方ない。でもその代わりＰＫＯ法案は公明党の協力で通すことができる。それでよかろうと。結果的に、僕が辞任した後も自公民の枠組みを残すことができました。

《幹事長を辞任した小沢は、「当面は閣務に専念したい」と語り、経世会（竹下派）の会長代行に就任した。ただ、その直後、狭心症を患い1カ月以上の入院を余儀なくされる。》

経世会の会長代行となって、加藤紘一さんからは「幹事長を辞めたらもっと偉くなったね」なんて言われましたよ。それだけ党内最大派閥だった経世会の力は強かった。会長代行は、会長の金丸さんから言われたんです。でも先輩たちは面白くなかったと思います。その気持ちは分かります。ただ、ここでも金丸さんから「お前が絶対にやれ」って言われて、仕方なくやったんです。

それから間もなくして狭心症で倒れてしまいました。これも天の助けかもしれません。あのまま幹事長を続けていたら、もっとひどくなったかもしれない。病院でも「まだ若かったから良かったが、60歳を過ぎていたらアウトだった」と言われました。まだ体力があったから、狭心症で済んだのかもしれません。幹事長の辞任というのも神様がそうさせてくれたのかもしれないね。

政治改革の迷走と「海部おろし」

《1991（平成3）年10月、政治改革関連法案の廃案決定を受けて、首相の海部は「重大な決意がある」と発言する。この発言が永田町に「総理は解散総選挙も辞さない覚悟だ」と伝わり、党内で猛反発を受けることとなった。世に言う「海部おろし」だ。これまで海部政権を支えてきた最大派閥の会長である金丸信が「重大な決意とはどういうことだ」と言って海部を批判したことから騒ぎとなり、結局、海部はその責任を取って党総裁選への再選出馬を断念した。》

海部さんは小選挙区制に賛成ということではなかったですが、「政治改革」っていう言葉が好きなんだね。僕が幹事長だった時も、僕が主張していたこともあって「それはやらなくちゃいけない」ということになったんです。

自民党竹下派のパーティーで顔をそろえた（左から）金丸信経世会会長、竹下登元首相、小沢一郎前幹事長＝１９９１年１０月

ただ、自民党内でも反対が強くて、当時の国対委員長だった梶山静六さんと、衆院政治改革特別委員長の小此木《おこのぎ》彦三郎さんのラインで政治改革法案を廃案にしてしまった。２人は仲が良かったから。それで海部さんが怒って「重大な決意がある」なんて言って解散をにおわせたんです。でも海部さんに本当に解散の決意があったかどうかは分かりません。金丸さんや僕ら（竹下派）に相談しないで解散するということはないからね。

それを聞いた金丸さんも本当に怒ったわけじゃなかったんですが、「何が重大な決意だ」なんてあの調子で言ったものだから、メ

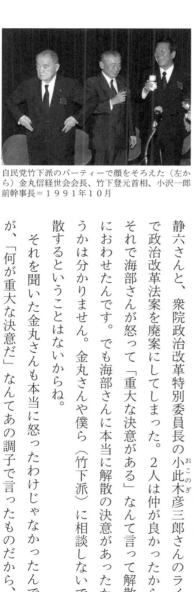

ディアがものすごく怒ったなんて大きく報道した。だから海部さんはびっくりして辞めちゃったんです。

あれは「海部おろし」じゃないです。海部さんが驚いて辞めたというのが本当。当時、引きずり下ろせるような力のある人はいませんよ。金丸さんだってそういうつもりで言ったんじゃない。でも相手が辞めてしまった。僕は幹事長を辞めていたし、海部さんと直接話をする機会はありませんでしたが、辞めなくてもいいと思っていました。

僕は海部さんに幹事長として仕えましたが、湾岸戦争で自衛隊機を派遣しようとした際は、最後まで僕の言うことを聞いてくれませんでした。幹事長に権力があると言っても、やっぱり最終的には総理の命令じゃないと行政も自衛隊も動かないんです。それを痛感しました。ただ、そのことで日本は世界の信用を失ったんですけどね。

海部さんのことを僕が「担ぐ神輿《みこし》は軽くてパーがいい」なんて言ったといううわさもありますが、それは嘘《うそ》です。そんな失礼なことは言いません。ただ、担ぐ方にとっては言うことを聞いてくれる総理がいいに決まっています。当たり前のことです。

田中先生がいくら闇将軍と言われても、中曽根総理が言うことを聞かなかったこともあります。それでものすごくおやじが怒ったんです。総理が「うん」と言わないとできないことはあるんです。実力者と言われる幹事長でもそうなんです。幹事長時代、総理じゃないと最終的には何もできないんだとつくづく思いました。

幻の総裁選出馬

《首相の海部俊樹の退陣表明を受けて、総裁選に向けた候補者選びが本格化した。そして最大派閥の竹下派内では、会長の金丸を中心に小沢を推す声が高まっていた。》

金丸さんから何回も言われて、最後は朝から晩まで膝詰め談判されました。「政治家である以上、1度は総理になりたい、3日でもいいというのが普通じゃないか」「それなのになんでお前は受けないんだ。俺がこれだけ頼んでいるのに」ってものすごい勢いでしたよ。最後は丸1日、ずっと二人でにらみ合っていましたね。

ただその時、僕は狭心症からの病み上がりだったというのもあるし、政策的な準備も、心の準備もなかったからね。「今はちょっと勘弁してください」と言ったんです。

出たら絶対に勝っていましたよ。宮沢（喜一）さんも渡辺美智雄さんも「小沢君が立つなら辞める」って言ってくれたんですから。権力のバランスで言ったら経世会の力は圧倒的。経世会が「これ」と言ったら、それで決まったんです。

だけど宮沢さんや渡辺さんが「小沢が出るなら辞める」と言ったのを聞いて、僕はなおさら出られないと思いました。今までひたすら総理の座を求めて、兵を養ってきた先輩に、いかに権力社会の現実とはいえ、そう言わせたことに申し訳ない気持ちになりました。ただ、金丸先生からはえらく、えらく怒られました。

「あの時、総理を受けていたら」なんてよく聞かれますが、どうだったでしょう。健康の問題もあったし、十分な準備もなかったから。突然総理になってどれだけ務めることができたか。まあそれは今となっては何とも言えませんね。

「竹下派のエース」なんて言われたあの頃から、先輩連中からは「小沢だけかわいがられる」という、やっかみも多くなりました。ただ、文句を言われても、力では僕の方が圧倒していたし、僕の方が多数を押さえているという思いがありました。人生を振り返るといろいろですね。

あの後に会長代行として派閥をぎっちり引き締めていたら、自民党を率いてもっと早く世の中を変えられたかもしれないと思うこともあります。でもそうやっていたら、いつまでたっても野党が育たなかったでしょう。日本の議会制民主主義が成り立たない。だからまあ善しあしかな。

小沢面接

《小沢の出馬辞退で総裁選への独自候補擁立を断念した竹下派は、立候補を表明している宮沢喜一、渡辺美智雄、三塚《みつづか》博の３人から政策を聞く場を設けることになった。その「面接官」として指名されたのが会長代行の小沢だった。》

３人の候補者の話を聞こうとなったんですが、誰が聞くとなって金丸さんから「お前がやれ」となったんです。これもまた僕の悪名を高くしたものでした（笑）。

３人を事務所に「呼びつけた」と非難されましたが、全然呼びつけたわけではないんです。要するに「うちの派閥からは候補者がいないから、３人の方に意見を聞いて回りたい」。だから「お伺いしたい」と言ったんです。そうしたら「自分たちは選ばれる側だからわれわれの方から伺います」と言ってきた。

「それじゃあどうなんだ」とか、いろいろやりとりがあったんですけど、「来る」って言うのでそれで会っただけです。渡辺さんはそのことを後で明確に話してくれました。「私は呼びつけられたわけじゃない。私から行くと言ったんだ」と。宮沢さんは黙っていましたね。そういうところは本当に官僚的なんです。

会って話を聞くと、3人とも政策は似たようなものでしたが、渡辺さんは面白かった。これまでの総理とは違って「面白いじゃないか」となったんです。もちろん派閥の領袖《りょうしゅう》として、それなりのキャリアと力を持っている。その意味では海部さんとは違います。宮沢さんは大蔵官僚だからか無難っていう感じでした。三塚さんはわれわれとは距離がありましたし、2人と比べると出遅れていましたから。

宮沢喜一氏（右端）と会談する小沢一郎氏（左から２人目）＝１９９１年１０月１０日、東京・永田町の小沢事務所

その晩、金丸先生と竹下さんと僕と3人で相談した時には「官僚じゃあ面白みがない」「みっちゃんは粗削りだけど面白いんじゃないか」となったんです。竹下さんも「そうだそうだ」となって。金丸さんも「お前ら2人が言うんなら良かろう」となったんです。

あの晩は確かに渡辺さんで決まっていました。そうしたら次の日の午前9時か10時ごろに呼び出されて、突然金丸さんが「すまん。宮沢にしたい」と言うんです。びっくりしました。竹下さんと顔を見合わせて「はあ?」と言ったほどです。でも金丸さんから「頼む」と言われたらしょうがない。「分かりました」となりました。でも謎です。いまだになぜかは分からない。後で聞いたうわさとしては、金丸さんの最愛の奥さんが渡辺さんのことが嫌いだったという。まあそれは笑い話だろうけど、真相は分かりません。

金丸辞任

《１９９２（平成４）年８月、自民党、経世会（竹下派）に衝撃が走る。副総裁で竹下派会長の金丸信が緊急記者会見し、東京佐川急便から５億円の政治資金を受け取った事実を明らかにし、副総裁を辞する決断をした。》

当時の政治資金規正法では政治家本人は罪に問われない事件でした。それまでなら秘書が「全部私の責任でやっていました」と言えば済んだことでした。なぜなら当時の政治団体の代表者は議員ではなくほとんど秘書がなっていましたから。それにきちんと領収書を出していれば何の問題もなかったことでした。

この金丸事件の時に痛感したのは、宮沢さんを総理にするんじゃなかったということでした。宮沢さんに電話をして「こんなのおかしい。今回のような問題で代表や会計責任者の秘書が有罪になって追及されたことはあるが、政治家本人が罪に問われるというのはない。総理、何とかしてくださいよ」と言ったんですが、全然ダメでした。派内でも私たちは「金丸さんの捜査はおかしい」と主張したんです。でも、梶山さんなど僕に反感を持っていた人たちは「捜査をやれ」という方向でした。それで宮沢さんも全く協力しませんでした。

宮沢さんの冷酷な性格と、派内が割れたという二つの問題が背景にあったと思います。それで宮沢さんも検察のやるがままにさせたわけです。経世会が一枚岩だったら捜査はできなかったと思います。それだけ今まで前例のない捜査でした。

当時の金丸さんは、僕のことを「派閥の後継者だ」と言ってかわいがりすぎていたところがあったのかもしれません。正直に言って、竹下さんや梶山さんら年上の人たちはその状況は面白くなかったと思います。このあたりからマスコミなんかで「親小沢」「反小沢」なんて言われ始めましたね。

竹下派分裂

《東京佐川急便から5億円のヤミ献金を受け取ったとして政治資金規正法違反に問われた金丸信に対し、東京簡裁は罰金20万円の略式命令を出した。だが「刑が軽すぎる」と世論の反発を受けることに。結局、金丸は議員辞職に追い込まれた。一方、竹下派会長代行として一連の対応に当たった小沢

には、派内で批判の声が上がる。そして、空席となった会長の座を巡り、深刻な抗争へと発展していった。》

われわれは派閥の会長を羽田（孜）さんにしようと主張したんですが、竹下さんがどうしても「小渕にする」と言って譲りませんでした。それでしょうがないから竹下さんに「このままじゃ分裂してしまう。うちも羽田さんを引っ込めるから、そっちもいったん小渕さんを引っ込めてくれ。それで両方白紙に戻そう」「そうしたら最終的に小渕さんでもいいですよ」と申し入れたんです。それでも竹下さんは気に入らなかった。「俺の言う通りにしろ」ということでした。

当時、竹下さんと小渕さんはすごく近い関係だった。同期の中で向こうに行ったのは梶山さんだけでしたが、僕の幹事長就任時から梶山さんとの関係も悪くなっていました。

竹下派の分裂は僕にとってもいい話じゃないですよ。僕は「両方引いて改めて選び直そう。最終的に小渕さんでいい」と言ったんですから。自分としても派閥を分裂する必要はないと思ったし、しない方が良かった。でも竹下さんがどうしても譲らずダメでした。

《「金竹小《こんちくしょう》」と呼ばれ、固い絆で政権を回してきたはずだった金丸、竹下、小沢の３人だが、金丸の失脚で亀裂が入る。竹下派分裂は跡目を巡る権力闘争でもあった。最終的に竹下派の会長には小渕恵三が就任。これに反発した小沢たちは羽田孜を代表とする政策集団「改革フォーラム21」を旗揚げす

る。そして１９９２（平成４）年12月、竹下派から独立し、正式に羽田派を発足させた。》

竹下さんは僕と金丸さんとの関係を面白くなく思っていました。竹下内閣の官房副長官時代には渡部恒三さんに代わって国対委員長のように野党との交渉に力を尽くしたのに。嫉妬ややっかみのようなものです。僕の幹事長就任も竹下さんが反対したと言われています。逆に一番最初に賛成してくれたのが安倍晋太郎さんでした。安倍さんは派閥が違うゆえに、素直に副長官時代の働きを評価してくれました。金丸、安倍のラインで僕は幹事長になったようなものです。その意味で安倍さんにはものすごく感謝しているんです。

竹下派から正式に独立、羽田派「改革フォーラム２１」の結成式であいさつする羽田孜代表。左は小沢一郎氏＝１９９２年１２月１８日、都内のホテル

この頃に僕は梶山さんとの「一六戦争」、橋本さんとの「一龍戦争」なんて言われましたが、全て竹下さんとの関係悪化が招いた結果だったと思っています。

当時の金丸さんには派内をまとめたいという気持ちはあったようですが、事件ですっかり気力がなえてしまいました。隠居のようになってしまってね。「何とかせいや」と言っていましたが、自分から動く気力はなかったですね。竹下さんがもう少し賢明な判断をしていれば最大派閥でいられたんだと思います。結果的に経世会はその後、今に至るまで全然ダメでしょ。

政治行動は権力闘争です。権力闘争ということからすると、派内では僕らはいったんは敗れました。そして政策集団の旗揚げにつながるんです。国民から与えられた権力を誰が授かるかっていうこと。それを巡っての争いだ、やはり権力闘争です。それを批判する人がいますが、そんなことではないです。

日本改造計画

《その頃、小沢は自らの主張をまとめた著書「日本改造計画」を出版する。自身の長年の主張を形にしたもので、日本、そして日本人に国際人としての「自立」を促し、自らの判断で行動や国益を決める「普通の国」になることを訴え、政治のリーダーシップ、国連を中心とした国際貢献の必要性を主張した。政治改革を主張して竹下派から独立し、自民党離党もうかがっていた時期の出版とあって、政治家が書いた著作としては異例のベストセラーとなった。》

当時は政治改革の機運が非常に高まってきた時でしたし、何としても自民党政権の交代を目指そうという気持ちがありました。そういう中で自分の考えを本にまとめたいという思いがありました。出版がたまたま自民党離党の時期に重なったんですが、その前からそういう気持ちはあって、そのために勉強会をずっとやっていたんです。

勉強会のメンバーは5、6人の学者と官僚が2、3人。マスコミの関係者も1、2人いて全部で10人ぐらいでした。1年間以上、2週間に1回ぐらいのペースで勉強会を開いたと思います。テーマを決めてテーマごとにレポートを書いてもらって、それをみんなで議論する。それを参考にまとめ、最終的に僕が原稿にしました。

田中角栄先生の「日本列島改造論」と名前は似ていますが、思想的にも政策論としても違う。あのネーミングは出版した講談社が勧めてきたんですが、最初はあまり気に入らなかったんです。硬すぎるし、田中先生の本と紛らわしい。でも僕が反対したら、出版社の方は「今はそうじゃありません。硬いと思われるような方が人気が出るんです」と言うんです。それでこの題名にしたんですが、やはり餅は餅屋だね。

アメリカや中国でも出版されました。政治的に転換期にあたったたから余計にみんなに関心を持って読まれたんでしょう。70万～80万部ぐらい売れたのかな。インテリの人ばかりでなく、一般の人が読んでくれたからそれだけの数になったんだと思います。

《この著書で有名になったのは、巨大渓谷で知られる米国西部アリゾナ州のグランドキャニオンには柵がないという前書きだった。》

あれは僕が実際にグランドキャニオンを訪れた時の経験からです。あれが全てに通じる基本だと思っています。「落っこちそうだな」なんて話しながら断崖絶壁のところを歩いたんですが、アメリカと日本では周囲の安全対策が全く違う。日本のように「立ち入り禁止」の立て札はないし、アメリカではグランドキャニオンに観光飛行機が降りるのもオーケーなんです。日本じゃ絶対に許可しないでしょう。

要するにそういうプライベートな時間、空間まで国家権力は関知しない。それは個人の自由だということです。自立の精神です。根本的に考え方が日本と違うんですね。「日本改造計画」では日本もそういう要素を取り入れて、「自分で考え、自分で判断するべきだ」と訴えました。

後の「小泉改革」や「アベノミクス」と似ていると言われますが、全く違います。私が訴えたのは競争第一という古い自由主義ではない。そうではなく自立です。個人個人の自立、自己の確立。本当の自由主義はそういう人間があって初めて成り立つんです。不必要な規制が日本は多すぎるから撤廃することは重要ですが、何でもかんでも規制は悪い物だという前提ではありません。小泉政権や安倍政権は、社会保障のようなセーフティーネットも規制の一種と考え、それまで全部撤廃しようと考えてやってきているわけです。それとは根本が全く違います。勉強会のメンバーには竹中平蔵《へいぞう》さん（経済学者、小泉内閣で経済財政担当相など）はいませんでしたよ（笑）。北岡伸一さん（政治学者）は入っていました。小泉改革とは使っている言葉は同じ部分もありますが、似て非なるものです。

僕自身は、当時の政治理念は今でも変わりありません。民主主義も自立した市民によって初めて成り立つ。国家もそう。自立していないと国家として意見はないということになって、日本はバカにされるだけです。金を持っているというだけでは、国際的地位は低く見られるんです。

この本では憲法改正も主張しています。僕はそもそも憲法改正自体を悪いとは言っていません。でも安倍晋三総理みたいな主張は論外だと思っています。安倍総理は安保法制で世界の紛争に自衛隊を派遣できるという道を開いたわけです。現に、中東に自衛隊を派遣したでしょう。要するに軍事力であちこちに干渉できるという戦前の日本と同じ思想です。私が言うのは、個々の国が軍事大国を目指して軍拡競争をし、他国に干渉するのではなく、紛争は国連を中心としてみんなで解決するんだという主張です。

今もって日本は自立国家になっていないし、日本人も自立していない。こんな話があります。ある優秀な大蔵官僚が、アメリカの大学に留学した時に、講義をまじめに聞いて試験に臨んだそうです。そこで答案に先生が話したことを寸分たがわずきっちり書いて自分は100点だと思ったら、返ってきた答案は0点だったそうです。なぜか。答案には「これは私の意見。あなたの意見は?」と書いてあったというんです。日本とアメリカの違いはそこです。本来であれば先生の意見を基に自分はどう考えるか書かないといけない。根本的に考え方が違うんです。日本人は自分の意見、発想で行動しないといけないと強く思います。

※1　リクルート事件…就職情報誌発行などで[illegible]成長したリクルート社の関連不動産会社リクルートコスモス社の未公開株が、当時首相の竹下[illegible]政財官界の有力者に譲渡されていたスキャンダル。1988年に発覚し、竹下内閣[illegible]

※2　ハトマンダー……米国で19世紀初め、マサチューセッツ州知事のゲリーが自派に有利になるように選挙区を改めた。結果、伝説上の動物サラマンダーに似た形になったことから、恣意的な選挙区割りを「ゲリマンダー」と呼ぶようになった。ハトマンダーは1956年に鳩山内閣が小選挙区制を導入しようとした際に、自民党が有利になるような選挙区割りの法案を提出したことに由来する。

第 4 章

初の政権交代

初の小選挙区比例代表並立制で行われた第41回衆院選。新進党の小沢一郎党首（手前右）が終盤に2度岩手入りし、3選挙区を制した＝1996年10月16日、盛岡市・県庁前

1993　平成5
6月18日　宮沢内閣不信任決議案が可決、衆院解散
6月23日　**自民を離党、「新生党」代表幹事に就任（51歳）**
7月18日　**第40回衆院選、自民が敗北＝当選9回**
8月9日　「非自民」の細川連立内閣が発足
12月16日　田中元首相が死去（75）
1994　平成6
1月29日　政治改革関連4法案が成立。衆院に小選挙区制導入
4月8日　細川首相が退陣表明
4月25日　羽田首相が誕生。社会は連立政権を離脱
6月30日　自民・社会・さきがけの村山連立内閣が発足
12月9日　民社党が解党。35年の歴史に幕
12月10日　**214人で「新進党」旗揚げ。幹事長に就任（52歳）**
1995　平成7
1月17日　阪神淡路大震災
4月9日　**岩手県知事選、小沢氏擁立の増田氏が初当選**
7月23日　**第17回参院選。新進党が躍進**
12月27日　**新進党首選、羽田氏との一騎打ち制す（53歳）**
1996　平成8
1月11日　橋本内閣が発足
1月19日　社会党、「社会民主党」に党名変更
9月28日　「民主党」が結党大会。鳩山氏と菅氏の二人代表制
10月20日　**第41回衆院選、初の小選挙区比例代表並立制＝当選10回**
12月26日　羽田氏が「太陽党」旗揚げ
1997　平成9
6月18日　細川氏が新進党を離党
12月　**新進党、6党に分裂**

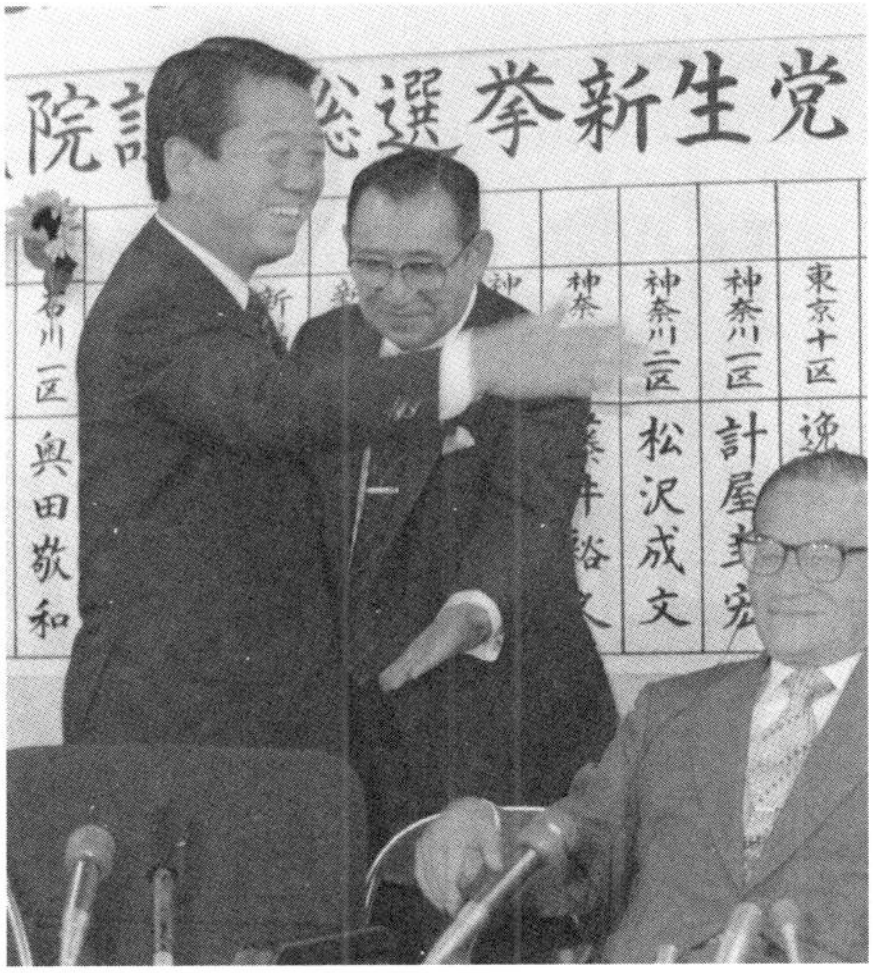

選対本部入りし、衆院選当確者に祝福の握手を求める新生党の小沢一郎代表幹事＝１９９３年7月１８日、東京・紀尾井町の新生党本部

宮沢内閣不信任案と自民党離党

《1993（平成5）年6月、国会は小選挙区導入を柱とする政治改革関連法案の処理を巡って大詰めを迎えていた。首相の宮沢喜一はテレビ番組で断行する意志を示し、法案を通すために妥協案を探る。しかし、党内の反対などから最終的に断念、国会会期内での法案成立が見送られることとなった。これを受けた野党側は、宮沢内閣不信任決議案を衆院に出すことを決める。》

衆院選挙制度改革について宮沢さんがテレビに出て「この国会でやります」って答えたのを見て、羽田さんと「じゃあいいな」と話していたんです。でも結局はできなかった。宮沢さんも一時はやろうと思ったんでしょうけど、自民党内では中選挙区のままでいいという人が多かったですから。特に幹事長だった梶山さんが強烈に反対でした。僕はもともと自民党では小選挙区制はできやしないし、無理だと思っていました。個人の利害が絡むから、自民党では反対が大勢。変化を嫌うんです日本人は。結局、現状維持なんです。

最初から野党に同調しようと決めていたわけではありません。当時、竹下派から改革フォーラム

（羽田派）を立ち上げて、参加者と何回か意思疎通のための会合を重ねるうちに、政治行動についてお互いの意思を固めていました。宮沢さんが約束したのに廃案にされてしまい、なすすべもなしという感じになって、それじゃあ自民党では政治改革はできないとはっきりしました。だから「仕方ない」と不信任案に賛成することにしたんです。

《社会、公明、民社の野党３党が提出した内閣不信任案は、羽田派など自民党から39人が賛成票を投じ、可決された。内閣不信任案の可決は１９８０（昭和55）年５月の大平内閣以来で、戦後４回目。直ちに衆院は解散され、小沢ら羽田派は自民党を離党した。》

もちろん絶対に政権を取ると思って自民党を出る決断をしました。羽田派の44人を前に僕は「私が行動を起こす時は必ず天下を取れる時だ。政権を取るから心配するな」と言ったんです。みんな「分かりました」と納得してくれました。そして、自民党を出たんです。

与党の自民党を出るのに44人のうち１人も欠けることがありませんでした。それは僕の自慢ですね。与党を出るというのは大変なこと。派閥を出て、さらに与党を出たんですから。派閥を出ただけで与党にいるんだったら、もっと人数が集まったかもしれません。

今だって自民党でこれだけの人数を動かせる親分なんて誰もいないじゃないですか。この後の加藤紘一さんだって、「加藤の乱」と言っても誰もついてくる人がいなかった。だから自民党離党の時のメンバーに僕は感謝しているんです。まあだいぶ自民党に戻った人もいますけどね（笑）。

不信任案への対応について、宮沢さんと話すことはなかったです。僕らが賛成に回って宮沢さんもびっくりしたでしょう。これは幹事長だった梶山さんの判断ミスでした。梶山さんは、渡部恒三さんの偽情報にだまされて、不信任案への同調者はせいぜい4、5人だと思っていたらしいんです。不信任案が成立することはないと読んでいた。だから驚いたんじゃないですか。その渡部さんも一緒に自民党を出たんだから（笑）。

新生党結成と総選挙

《自民党を離党した羽田グループは「新生党」を結成する。党首には小沢の盟友、羽田孜、自身は代表幹事に就任した。羽田は記者会見で「長く続いた政治に終止符を打って新しい政権の中核となる使命感を持っている」と語り、衆院選で自民党から政権を奪取する決意を表明した。》
離党した時点で、もちろん野党との政権構想はありました。野党側と具体的な連立についての話はしていませんが、不信任案に賛成するというのは、それ以外にないということです。選挙前から「政界再編が必要だ」ということを主張していましたし、その根底には政治改革というのがありましたからね。

僕自身の政治改革という目標の達成という点からだけ言えば、自民党にいた方がやりやすかったと思います。自民党でその勢力を持っていれば、何でもできました。こんなに苦労をしないで済んだんじゃないですか（笑）。ただ当時は、このままじゃ日本はダメになるという強い思いがありました。

《衆院選に向けて新生党の新人擁立を進めた小沢は、地元岩手の1区に鈴木善幸と近い県議の工藤堅太郎を擁立。そして小沢に追随して県議8人が自民党を離党した。》

工藤さんを擁立したのは岩手の鈴木派に対抗するためです。工藤さんは元々鈴木派でしたが、国政に意欲がありましたし、鈴木派という岩手での大きいグループを割らなきゃいけない。だから鈴木派の人間がいいということで決めました。岩手1区では、鈴木派の票を取らなければ勝てないという判断でした。僕から声を掛けて、工藤さんはすぐにオッケーでしたね。

岩手の県議には何か指示をしたわけではなかったですが、付いて来てくれる人が多かったです。僕は自分の政治行動について地元と相談したことなんか一度もありません。全部僕一人で決めて、それでも当選させてもらっています。だから本当にありがたいんです。他の国会議員の多くはいろいろな場面で「後援会と相談して」と言いますが、相談された方も困るんです。リーダーは「断固これでいくから頼む」と言わないといけない。それがリーダーというものです。

何をするにも地元の支持の弱い政治家、すなわち選挙の弱い人間はダメなんです。結局、重要な決定の場面で右往左往してしまう。あちこち見回していたら政治決断はできません。だから僕は地元はうんとありがたいと思っているんです。

細川首相誕生

《1993（平成5）年7月18日、衆院選挙（511議席）の結果、自民党は223議席と過半数に届かない結党以来初の大惨敗を喫した。一方で社会党も70議席にとどまり選挙前から半減。これに対し、「新党ブーム」の波に乗って、小沢の新生党（55議席）や細川護熙《もりひろ》の日本新党（35議席）、新党さきがけ（13議席）などが躍進した。ただ、非自民勢力で過半数を上回ったものの、当時の新聞では自民党中心の政権が樹立されるとの観測が上がっていた。》

選挙戦前から野党の支持率が高く勢いがありましたから、僕は初めから野党側が勝てると思っていました。もっと自民党が議席を減らすと思っていたら、ふたを開けてみると社会党が半分になってしまいました。浮動票を新生党や、日本新党などに食われてしまった分、社会党が減ったんでしょう。

選挙後、社会党はもちろん、社会党を応援していた連合会長の山岸（章）さんはシュンとなってしまいました。そこで山岸さんに「何を言っているんです。野党で足せば過半数になるじゃないですか」と言って発破をかけたんです。

選挙直後に野党の何人かで集まった会合でも、雰囲気はやはり暗い感じでした。その時点では、日本新党と新党さきがけは自民党につく可能性もあって、野党側に入るという確信が持てない段階でしたからね。

そこで僕がみんなに「自民党が過半数を割っているんだから、野党を合わせたら政権を取れるぞ」と言ったんです。そうしたら「誰を首班指名するんだ」と言う。多くの人たちは「羽田さんがいいのではないか」という意見でしたが、僕は「羽田さんじゃあ絶対に過半数を取れない。羽田じゃまとまらない」と言いました。羽田さんは心の中ではなりたかっただろうけど、羽田さんも分かっていたと思います。

連立政権実現に向けて協議する７党書記長レベルの代表者会議。左からさきがけの田中秀征氏、公明党の市川雄一書記長、社会党の赤松広隆書記長、新生党の小沢一郎代表幹事、民社党の米沢隆書記長、社民連の阿部昭吾書記長ら＝１９９３年７月２７日、国会

みんなの前で細川護熙さん個人の名前を言ったかは忘れましたが、細川さんを引っ張り込めれば、さきがけが付いてくるという読みがありました。逆に、そうしない限り絶対に非自民政権はできないと思った。だから「とにかく私に任せてほしい」と言った

んです。そして、みんなから一任を取り付けて、細川さんのところに会いに行きました。

マスコミでも選挙直後は自民党中心の連立の話ばかり言われていたので、みんなも「まさか」と思ったでしょう。実際、さきがけの代表の武村正義さんは当時、自民党と連立をしたくてパタパタ動き回っていましたから。彼は最初から自民党との連立を考えていた節がありましたね。だから細川さんを総理として引き込む以外に選択肢はないと思ったんです。そうしなければ彼らは自民党と連立していたでしょう。武村さんに先に動かれちゃダメだと思ってすぐに細川さんを口説いたんです。武村さんは必ず細川さんに付いてくると思っていました。

《選挙の直後、小沢は日本新党代表の細川護熙と会談する。》

選挙が終わってから2日後ぐらいだったように思います。僕から細川さんに「野党を合わせれば政権を取れる。あなたが総理をやってください」とストレートに言いました。あの人は殿様気質で、素直で純粋でした。一発でその場で決まりでした。だけど「ちょっと相談させてくれ」と言う。武村さんとの相談だったんでしょう。細川さんから「オーケー」の返事が来たのは次の日。細川さんがその気になって、武村さんが仕方なく付いて来た感じだったと思います。

「総理をやってほしい」って言われて嫌だと言う人は誰もいないですから。僕みたいな者しかね(笑)。細川さんと会ってその場で大丈夫だと思いました。

細川さんが「うん」と言って足せば過半数になる。そのことをみんなに伝えて、政権を取れると思い始めたあたりから、野党側もその気になって雰囲気が良くなっていきました。

後で山崎拓《たく》さんの話で知ったんですが、同じぐらいの時に自民党内でもＹＫＫ（山崎、加藤紘一、小泉純一郎）などが「細川を口説かないとダメだ」と言い出したらしい。でも「時すでに遅し」でしたね。

連立政権スタート

《細川の首相受諾で、非自民の７党１会派（社会、新生、公明、日本新党、民社、新党さきがけ、社民連、民主改革連合）による連立政権の発足が決まった。各党首は連立政権の合意事項に署名し、小選挙区制を柱とする政治改革法案を年内に成立させることを確認。８月６日、衆参両院で細川が首相に指名され、１９５５年から続いた「55年体制」と呼ばれる自民党の長期政権が崩壊した。日本政治にとって大きな転換点となった。》

当時は政治改革が世の中を覆っていました。政治改革、政治改革の大合唱だった。だから連立政権も、その一点でまとまればいいということで、小選挙区制の実現を連立合意の柱にしました。細かな政策の話はしませんでしたね。まさか政権を取れるとは思っていなかったから、野党のみんなは、それはそれは喜んでいました。最初から政権を取れると思っていたのは僕だけでしたから。

ただ誤算だったのは社会党です。連立の中で社会党だけは少し雰囲気が違っていました。選挙でもっと自民党を食うことができれば良かったんだけど、それができなかったからでしょう。「議席を減らさなければ本当は俺たちが政権の中心だったのに」と言いたかったのでしょう。でもそのころにはもう社会党の組織が古くなって機能しなくなっていました。社会党は野党ぶってはいるけど根っこは自民党とつながっていたんです。だから選挙で負けたんです。そういう流れでその後に自民党と政権を組んで、なおさらダメになりました。

《自民党が野党に転落するとなると、離党者が相次いだ。そこには現在は自民党に復党している石破茂らも含まれていた。》

自民党はずっと政権党でいたから権力がなくなれば、がくぜんとしちゃうんです。細川政権があと1、2年続いていたら自民党は完全に壊れていたと思いますね。生半可に起き上がったから今でもまだ続いている。いったん壊していれば日本の議会政治もずいぶん違ったでしょう。

一度、古いものを清算しないと新しいものはできません。僕はよく「壊し屋」だと言われますが、家を建て替えるのに古い家を壊さないと新しい家は建てられないでしょう。革命家はみんな壊し屋なんです。旧体制を壊さないと新体制はできませんから。

内部の確執

《非自民連立政権で、真っ先に取り組んだのが、旗印でもあった政治改革法案だった。入閣を固辞した小沢は新生党代表幹事として与党代表者会議を主宰して各党の調整に当たる。だが、政治改革法案を優先させて予算編成は年明けに先送りすべきだと主張する小沢たち新生党や公明党と、予算の年内編成を主張する官房長官の武村や社会党などが対立。政治改革法案は社会党の反対で参院で否決されてしまう。》

社会党の反対には参りました。社会党は最初から小選挙区制度が導入されれば自分たちは負けると思っていました。党がなくなると思っていたから反対したんです。でも、仮に党がいったんなくなったとしても野党がいずれ勝つというのが小選挙区制度です。社会党のように目先の自分の選挙を考えるとダメということになってしまう。

政治改革法案が参院で否決された後、自民党の幹事長だった森喜朗さんと水面下での交渉をやりました。政治改革で政権を取ったんだから、ここで絶対に成立させなければならないとの思いでした。一方で、世論も政治改革の大合唱でしたから、自民党も突っ張っていても党自体がボロボロになってしまうという危機感もあったのでしょう。

そこで、いったんは否決された政治改革法案を、細川首相と当時の河野洋平自民党総裁とのトップ会談で修正合意させたんです。そしてようやく小選挙区制度の導入が決まりました。

《政治改革法案は決着したが、連立政権内では官房長官の武村らの官邸と小沢が率いる与党代表者会議との確執がたびたび取り沙汰されるようになった。》

官邸と与党代表者会議が「権力の二重構造」などと言われましたが、互いに機能しなかったというわけではありません。本来は話す立場にない武村さんが国会運営についていろいろしゃべる。それでみんな怒ったんです。彼は当選3期で大臣になったものだから、憲政の常識を何も分かっていなかったんでしょう。それでいて権勢を振るいたがるところがありましたから。

武村さんは元々自民党との連立派ですから、そこから考え方が違う。官房長官になっても自民党と手を切れずに接触していましたしね。「バルカン政治家」と呼ばれるぐらい武村さんはなかなかの人物です。彼は僕が自民党の幹事長時代、政治改革関連の事務局をやっていたので時々、僕のところにも報告に来て知っていましたが、その前から田中のおやじのところにしょっちゅう来ていました。彼はそういう権力の方に行く人なんです。それでみんな憤慨してしまいました。僕と細川総理との関係は良かったです。全くぎくしゃくしたことなんてありません。

ただ、連立政権の一番の目標は政治改革でしたから、それが達成されると統一した政策の論議がなかなかできませんでした。寄せ集めだから仕方のない面もあるんですが、本当は細川総理自身が何をしたいかしっかりと打ち出さなきゃいけなかったんでしょう。

連立政権の中でも社会党は「うちの議席が一番多いのになぜ細川が首相なんだ」ということを最初から思っていました。「この政権は俺たちが入ったからできた」という気持ちがスタート時からあったんでしょう。そういった思いが折に触れて連立政権内で出てきて、摩擦を起こすようになっていました。

国民福祉税

《１９９４（平成６）年２月３日未明、首相の細川は記者会見を開き、所得税や住民税を中心とした６兆円の減税と、消費税を廃止して「国民福祉税」を創設する税制改革案を明らかにする。税率は

「7%」と説明。小沢と関係が深かった公明党書記長の市川雄一による、いわゆる「一・一ライン」と大蔵省が主導したといわれたが、唐突な記者会見での表明に、政権内外から批判が噴出した。》

あの時は所得税や住民税などの直接税が高すぎるということで、直間比率の是正という大きな目的がありました。だから6兆円の減税と併せて間接税を引き上げようとした。それに社会保障費の増加などの財政問題という面もありました。大蔵省の事務次官だった斎藤次郎さんは僕も昔から知っていましたから、そういう議論をいつもしていました。大蔵省としても国民的な人気のある細川政権の時に増税をやりたいと思ったのは間違いないです。

政治改革法案の修正合意後の政府与党首脳会議で、新生党代表幹事の小沢一郎氏（左から4人目）らに握手を求める細川護熙首相＝1994年1月29日

ただ、細川総理が記者会見で7%の税率の根拠を問われて、「腰だめの数字」などと言ったことがいけなかった。明確に持論を展開すべきだったのに、人から頼まれたような言い方をしたから批判されてしまったんです。

与党代表者会議では、税制の議論もやっていました。連立与党のみんなも中身を知っていたはずなのに、批判されたとたんに「聞いていなかった」などと言い出しました。大蔵大臣や官房長官だってもちろん知っていたはずです。知っていたけれど自分のきちっとした主張ができなかっただけではないですか。「知っていた」というと自分の責任にもなるから逃げたんでしょう。そして嫌われることは全て僕のせいになってしまいました。

今思うと、細川さんは人気があったんだから批判を突っぱねて押し通せば良かったのかもしれません。でもすぐに撤回してしまった。そのことがあったにもかかわらず、その後も支持率はそれほど落ちなかったんですから。

細川辞任

《国民福祉税騒動後、与党との関係が悪化していた官房長官の武村を更迭するために内閣改造を模索した細川だったが、社会党の反対などで断念する。内閣改造もできない上に、自らの佐川急便からの借入金やNTT株取引の問題などで野党自民党から追及を受け、国会審議もストップ。政権が行き詰まりかけていた4月8日、細川は突然、首相辞任を表明した。自らの金銭疑惑による国会空転の責任を取ったとされたが、歴史的な政権交代からわずか8カ月だった。》

辞任について、私への相談は全くありませんでした。確かに佐川とかNTTとかの金銭問題が起きていました。同じ党の山田正彦さんが弁護士でしたからいろいろ細川総理にアドバイスしていて、しゃくし定規に「これは危ない。スキャンダルになる」と話したらしいんです。それで辞任を決断したのかもしれません。でも後で聞いたが、全く問題がない内容でした。もしかして表に出てきていないことがあったのかもしれません。それで自民党から脅かされたのかもしれません。

それにしても辞任表明には驚きました。「辞める」と言ったんだから、引き留めることもできませんでした。細川さんは総理として颯爽《さっそう》とやっていましたから、最後まで格好良くしたかったのでしょう。そういうところが殿様なんです。勝手にさっさと辞めてしまった。これは本当に予想外だったし、残念でした。まだ人気も高かったのに。今思うと何ともなあ…。

渡辺美智雄出馬騒動

《細川内閣退陣後、後継として真っ先に名前が挙がったのが羽田孜だった。だが、小沢サイドから自民党の渡辺美智雄の擁立話が持ち上がり、一気に広まった。》

渡辺さんの出馬は僕が直接口説いたんです。「自民党から引っ張り込まないとだめだ」と言ってね。渡辺さんが決断してくれていれば、と今でも思います。細川さんが「辞める」と言って、誰にしようかとなった時に、羽田さんは総理をやりたがっていました。でも「こんなごちゃごちゃした時にあなたがやってもダメだ。もっと安定してから総理にするから。変な色気を持たないでくれ」と説得したんです。当時は自民党から引っ張り込まないと、ガラス細工の連立が持たない状況でしたから。

ちょうど羽田さんは外務大臣としてウルグアイ・ラウンド※閣僚会議のためにモロッコに出発する時でした。僕は「あなたが日本にいない間は僕に全権を任せてくれ」と話して、羽田さんは「分かった」と言って出国しました。

そして「羽田さんが帰ってくるまでは、僕が全権を持っているから」と言って、渡辺さんを口説いたんです。あの人が本気になれば自民党からも何十人か離党してくるという読みがありました。僕は、羽田さんが帰ってくる当日の昼までに必ず連絡をするように伝え、電話の前で待っていたんです。「羽田さんが帰ってきたら任された僕の権限はなくなる。羽田さんに相談しないといけなくなるからね」と。要するに羽田さんが帰ってくるまでにけりをつけたいということでした。

もともと渡辺さんは役人的じゃないところが嫌いじゃないし、決断してくれると思っていました。最初は「よし分かった」という感じでした。ところが中曽根派内で江藤隆美《たかみ》さん（元建設相）とか声の大きい人たちが反対論をぶったわけです。それでちょっとびびっちゃったんでしょう。首を引っ込めてしまった。約束の羽田さんの帰国日の昼までに連絡は来ませんでした。

その日の夕方ごろに中山正暉《まさあき》さん（元建設相）が代理で来たんですが、「なぜもっと早く来ないんだ。もう僕はしゃべれないよ」と言いました。ただそれもオーケーの返事ではなかったです。本人が来たんじゃないんだから。相談に来たのか状況を探りに来たのか分かりません。

帰国した羽田さんは総理をやる気になって、興奮気味でした。その後に渡辺さんが「羽田さんと会った」と言って、僕に「羽田が総理をやる気でいるじゃないか」と言ったのを覚えています。だから僕は「当たり前だ。彼は最初から総理をやりたくてパタパタしているのを『ダメだ』と言って、あなたにお願いしているんだ」と言ったんです。渡辺さんはそこが分かっていなかった。最後に踏ん切りがつけられなかったんでしょう。

《渡辺は自民党離党による首相指名選挙への出馬を断念。結局、後継首相には羽田が就任する。》

渡辺さんは2度、総理になり損ねたんです。宮沢さんの時にも最初は渡辺さんだったのに金丸さんの「君子豹変《ひょうへん》」でひっくり返ってしまった。そして2度目は本人自身の踏ん切りがつかなかった。渡辺さんは「無念だ」と語って亡くなったそうだけど、2度チャンスがあったのに。あの時、渡辺さんが何人か引き連れて自民党を出てきていたら、自民党はボロボロになっていましたね。本当に惜しかった。渡辺さんが「うん」と言っていたら日本の歴史も変わっていたでしょう。

でもこの時も、社会党は自分たちが議席が一番多いんだから、自分たちから首班を出すべきだと思っていたようでした。「細川がやめたら次は俺たちだ」という気だったのでしょう。でも連立を組んでいた他の政党も社会党からとは、一人として言わなかった。それが社会党の連立離脱につながっていきました。

社会党の造反と羽田内閣

《羽田内閣発足とともに、新生党、改革（日本新党）、民社党、改革の会、自由党の5党派が、衆院に新たな統一会派「改新」を結成する。公明党もいずれ加わるとみられていたため、新党を視野に入れ、自民党に対抗する将来の二大政党制をにらんだ動きとも言われた。一方、統一会派から外れた社会党は、この動きに猛反発し、連立を離脱する。》

ばらばらの小さな党ではダメだから一緒になろうという話は、連立政権内では折に触れありました。そこで統一会派をつくろうという話になりました。

民社党委員長だった大内啓伍さんが「僕が村山委員長と話をする」と言うので任せたら、「社会党も賛成して、一歩遅れて参加するから進めてくれ」「ちゃんと話をしてきたから心配するな」とみんなの前で報告したんです。それに公明党の市川さんたちも遅れて参加するということだった。だから「それじゃあいいな」となって統一会派の結成を決めたんです。

何も社会党を外したわけじゃありません。大内さんの話がなければ、統一会派なんてやりません。そしたらそれがうそっぱちだったことが後から分かりました。「大内さんは何を話してきたんだ」と問題になったんですが、正式に決めた後だったから仕方がなかったんです。

村山（富市《とみいち》）さんがうそをついたのか、大内さんがうそをついたのか僕には分かりません。でも大内さんはある意味だまされたんだと思います。社会党はその時、既に自民党と話をしていたんですから。大内さんの話の詰め、見通しが甘かったんでしょうが、結果的に「統一会派から外された」というのは、社会党の連立離脱の口実にされたようなものでした。社会党は最初っから連立を離脱する気だったと思います。もともと自分たちから首班を選ぶべきだという意識でしたから。

当時、社会党と自民党が接触しているといううわさは聞いていましたが、いくらなんでも社会党が自民党と組むとは思えませんでした。「それじゃあ社会党はつぶれちゃうじゃないか」と言ったら、事実つぶれてしまいました。まさに「一将功成りて万骨枯る」。総理になった村山さんと大臣になった何人かはいい思いをしたけど、あとは党も含めてみんなダメになってしまいました。

《社会党が離脱し少数与党となった羽田連立政権が、国会運営に早晩行き詰まることは明らかだった。野党自民党が内閣不信任案を提出する構えを見せる中、連立与党は社会党に政権復帰を求めて協議を行ったが、それも難航。羽田は衆院解散か内閣総辞職か決断を迫られる。首相官邸での盟友小沢との話し合いは11時間に及んだ。》

その日、僕は官邸に一晩中いました。夜中に羽田さんと話し合ったんですが、羽田さんは当初は「解散する」と言って元気だったんです。だから僕は「あなたが解散するというならいいですよ」と言って、すぐに党に「解散だ。準備をしろ」と電話を入れました。でも、それが国会内に広がった。すると社会党がびびったんです。そこで社会党から羽田さんに「いったん辞職してくれ。そうしたら首班指名であなたに入れる」なんて言ってきた。不信任案に賛成した後に、総理にまた指名するなんて、そんなことあり得ないでしょう。にもかかわらず、社会党の話に羽田さんが乗ってしまったんです。社会党は羽田さんもだましたわけです。

その夜にはそのほかにも、石破（茂）君や岡田（克也）君が官邸に来て「今解散したら中選挙区での選挙になる」「解散はやめたほうがいい」などと説得をしていました。

それらがあって羽田さんの解散への気持ちもどんどんしぼんでいったんでしょう。だんだん気が弱くなっていきました。勝負する時は勝負をしないとダメなんです。ここまで追い込まれたら解散すべきだったと思います。

それにしても、あの時もし解散をしていれば、自民党も社会党もバラバラだったから、選挙結果はどうなったか分かりません。われわれの方が合わせれば多数だったんじゃないかとも思います。

羽田さんも気が弱いですから。初めから羽田さんに「こんな時に総理になるもんじゃない」と言ったのに。僕の言う通り、結局は長続きしなかった。僕の話を聞いていてくれれば良かったんですが…。

まさかの自社さ政権

《首相の羽田は総辞職を決断し、わずか2カ月の短命に終わった。そして、自民、社会、新党さきがけの3党は、連立政権の樹立に向けた協議を一気に加速させた。》

羽田内閣が総辞職した時点で、「自民党が村山さんを総理に担ぐ」といううわさは聞いていましたが、いくら何でも「そんなバカな」と思っていました。現実的ではないだろうと。

細川連立政権の発足から連立内では「村山さんを総理にどうか」なんて話は一切なかったですし、社会党もそういうことを言ってきたことはありませんでした。僕を含めて誰も社会党首班というイメージはなかったです。でも彼らは政権交代以来、腹の中でずっと思っていたんでしょう。

それなら社会党の側から言えば良かったんです。いつも幹事長の久保（亘《わたる》）さんは政策がどうのこうのばかり言って、一言も首班の話は出しませんでした。「首班を社会党にくれ」と彼が言えば違う議論にもなっていたでしょう。「これをのんでくれないと、左派が自民党とくっつく」という話でもしてくれれば、全く違った展開になっていたはずです。

それなのに彼らは陰で自民党と協議をしていた。自社政権なんて信じられないことです。だから結局は社会党にとっては自殺行為でした。

自民党は野中（広務）さんと亀井（静香）さんのラインで、「村山さんを総理に」と言って陰で社会党を口説いていたわけです。社会党は野坂浩賢《こうけん》さん（元官房長官）が自民党と通じていて、村山さんの尻をたたいていたような感じでした。

どんな手段を使っても権力を取ろうというのは自民党のすごいところですね。当時、社会党の協力を得るならまだしも、社会党を担ぐというのはすごい。権力に対する執着は、今の野党の面々に教えてやりたいぐらいです。

その中心にいた野中さんは、いつも僕を標的にすることで自分の地位の向上を狙っていました。けんかをする時は一番強いやつとするということを知っている人です。でも、野中さんは僕が自民党幹事長時代に選挙を仕切って初当選したんです。本当はけんかする相手ではないんです。

彼は晩年、僕が京都に行くと、街頭演説を隅っこの方で立って聞きに来てくれていました。何度もです。その時になって分かったんだと思います。「今の自民党ではいかん」と。野中さんはリベラルな人で今の安倍政権とは相いれないから当然だったと思います。

《村山を担ぎ出した自社さに対し、小沢らは首班指名選挙に自民党を離党した海部俊樹を擁立する。》

海部さんの擁立は、西岡武夫さん（元参院議長）のアイデアでした。個人的に親しかったんです。それにしても惜しかった。1回目の首班指名選挙では21票差。ほんのわずかの差での負けでした。国会会期末でしたので、もう少し時間があれば自民党を切り崩すことができたと思います。自民党だって村山総理には反対が多かった。中曽根さんだって「社会党を担ぐなんてとんでもない」と言って反対したんですから。

会期を延長できれば自民党を切り崩すことができて違った展開になっていたはずでした。残念でしたね。その時の会期延長のやりとりで、衆院議運委員長だった奥田敬和さんとの関係が悪くなってしまいました。

《非自民政権が幕を下ろし、自民党一党支配による55年体制からの転換も、わずか10カ月余りで幕を閉じた。》

今思うと、非自民政権の誕生をきっかけに、社会党がつぶれ、自民党内にも亀裂ができました。そしてその後に新進党という野党の塊ができた。そういう意味では大きな意味があったと思っています。もちろんその後の民主党による2度目の政権交代にもつながるものがここでできたと思っています。

でもまさかあそこで社会党が自民党と組むとは思いませんでした。あり得ないことです。

新進党結党と羽田の離党

《野党となった新生党は１９９４（平成６）年12月、公明や民社、日本新などと新進党を結党する。衆参両院議員２１４人と自民党に次ぐ大政党の誕生は、１９５５年の保守合同以来の大規模な政界再編となった。党首には海部俊樹が就任する。》

次の衆院選を見据え、自民党に対抗するために公明党などが入った大きな塊が必要と判断し、新進党の結党となったんです。僕は幹事長に就任して、初めての選挙となった参院選（１９９５年７月）で、比例代表では自民党の票を上回って議席を倍増させました。最初の滑り出しは党として順調でした。ただ、その年に行われた党首選で羽田さんとの関係が悪くなってしまいました。

僕は初めから党首選に出る気はなくて、「羽田党首、小沢幹事長で行こう」と何人もの人が言ってくれたんです。でも、羽田さんは最後まで「ノー」でした。実は、党首選前に同期の渡部恒三さんが仲を取ってくれて3人で会ったんです。恒三さんが「小沢も『代表は羽田でいい』って言っているんだから、今まで通り羽田、小沢コンビでやろうじゃないか」と言ってくれた。でも羽田さんは「嫌だ」と言ってね。

周りの何人かにそそのかされて「小沢と手を切れ」というような話になったんでしょう。だから僕も恒三さんも「仕方がない」となったんです。その後、僕のシンパの人たちが「それなら何としても党首選に出てもらわないと困る」となって、大方の人たちが反対しているにもかかわらず、党首選になってしまいました。

《結局、小沢と羽田の一騎打ちとなった党首選は小沢の圧勝に終わる。》

僕は初めから党首をやる気なんかなかったです。「羽田さんでいい」って言っていたんだから。それなのに羽田さんは一部の人におだてられて党首選に出るから、僕も仕方なく出ざるを得ませんでした。羽田さんは人当たりのいい好人物ではあるけれど、自分の意見があまりないところがあるからなあ…。党首選で僕が勝っ

新進党党首選の共同出陣式で握手をする羽田孜副党首（左）と小沢一郎幹事長。中央は海部俊樹党首＝１９９５年１２月１６日、新進党本部

た後も、羽田さんに「執行部に入ってほしい」と頼んでもダメでした。

《党首選後、羽田らは新進党内の反主流派グループ「興志会」を結成し、ことあるごとに小沢と対立することになる。》

羽田さんは周りの2、3人にそそのかされて、僕のやること全てに「反対、反対」でした。石井一さんとか奥田敬和さんとか、それに連なる人たちです。彼らは僕と同期生だから面白くないんです。梶山さんと関係が悪くなった時と同じです。羽田さんはそれに乗ってしまった。そんな党内のごたごたが常にマスコミのネタにされて、党のイメージが悪くなってしまいました。

《１９９６（平成８）年10月、初の小選挙区比例代表並立制の下で、新進党にとっても初めてとなった衆院選は、党内の足並みの乱れが影響し、選挙前の１６０議席から１５６議席に減らした。政権奪取を掲げて戦った小沢は敗北を認めざるを得なかった。》

羽田さんたちの行動が新進党のイメージダウンになってしまいました。でも、その時は小選挙区３００のうち、70選挙区が１万票以内で敗れたんです。結束して戦っていたら絶対に勝てた選挙でした。70選挙区のうち半分を取れていれば自民党とひっくり返っていた。そうすれば新進党が第１党でした。

衆院選挙後に離党者が相次いでしまいましたね。自民党の離党工作もあったのでしょう。それにしてもみんな信念がないんです。何のために自民党を出たのか。何を目的にして政治をやっているんだと思ってしまう。昔から僕は政権交代可能な議会制民主主義を定着させるためだと言っています。それをなかなか分かってもらえないんですね。

新進党解党

《衆院選後の12月、小沢の盟友で新進党のシンボル的存在だった羽田孜が離党、「太陽党」を結成する。結党から2年、事実上の同党の分裂だった。さらに翌年6月、細川護熙も離党。首相経験者2人の離党で、小沢の求心力の低下は避けられない状況になった。12月の党首選では、鹿野《かの》道彦との一騎打ちを制し小沢が再選。だが、党を二分した戦いで亀裂は拡大し、小沢はその直後、新進党を解党し新党を結成することを表明した。》

衆院選後に羽田さんと細川さんが相次いで離党して、僕も党首なんかやりたくもないものをやらされていましたから、「それじゃあもうみんな好きなようにしてくれ」と言ったんです。「残りたい人間は残りなさい。自由意思に任せるよ」と。みんな勝手なことばかり言うので、もうばかばかしくなりました。２人が離党してはイメージ的にどうしようもないでしょう。

僕が「新進党を解党する」と言ったわけじゃないです。わけの分からないことばかり言って、あまりにもひどかったから「自由にしてくれ」と言っただけ。新進党は僕が壊したかのようにメディアは報じましたが、僕じゃない。衆院選の結果、羽田さんと細川さんが出て行ったんです。２人が離党してしまっては、もう僕が代表でやっている理屈も立たないじゃないですか。

《「小沢新党」は当初１００人規模を想定していたが、小沢が掲げる政策や政治路線への賛同者だけで目指す方向となる。結局、自民党に対抗するために結集した野党勢力は、再びばらばらになってしまった。》

新進党の解党が決まった時に、岡田克也君から「『一緒にやろう』と言っていただけないか」という話をされたのを覚えています。われわれに声を掛けて連れて行ってもらいたいという話でした。でも僕は「国会議員なんだから自分で考えろ。君らの判断に全部任せるよ」と言ったんです。それで結局、岡田君とその周辺の人たちは離れていきました。

「純化路線」なんて批判されましたが、僕は「自分で決めろ」と言っただけで、排除なんかしたことは全くありません。旧新進党から多くの人が減った要因は民社、連合系の人たちが離れたからです。

新進党がうまくいかなかったのは、やっぱり羽田さんとの関係がうまくいかなかったのが一番の原因だったと思っています。僕は党首などなりたくなかったのに、羽田さんが判断を誤ってしまった。総理になる時もそうでした。「もっと安定したときに総理にするから、今はやめろ」と言っても、羽田さんは興奮して話を聞いてくれなかった。羽田さんは2度判断を誤ったと思っています。本当に残念でした。

その後に羽田さんたちは離党して「太陽党」をつくりましたが、彼も大変苦労をしたでしょう。一時は別の党に離れましたが、それでも僕は羽田さんの相談に乗っていました。民主党で一緒になってからは彼のことをずっと支えていました。

岩手からの逆襲

《野党に転落した小沢が反撃ののろしを上げたのは、やはり地元岩手からだった。1995（平成7）年、知事選に増田寛也《ひろや》を擁立、連動して戦った県議選とともに勝利した。》

地元を固めるにはやはり県知事を取らなきゃないということで知事選の前年にあちこちで探したんです。そうしたらたまたま建設省にいた増田君が候補として挙がってきた。参院議員だった増田盛《さかり》さんの息子だから名前も通っているし、建設省の役人だから適任。絶対に立てようとなって、打診をすると、それほど時間がかからず「オーケー」だったと思います。

知事は大事です。知事のポストを自民に取られると、中央と地方を両方取られてしまう。だからどうしても勝たなきゃいかんとなったんです。

《知事選は自民党が推薦した前副知事の佐々木浩などと争い、増田が９万票の大差を付けて初当選。県議選でも新進党公認候補（19人）が自民党（12人）を上回り第１党に躍進した。》

増田盛さんは参院議員だったから、「増田」の名前は県民に広く知られています。僕は絶対に負けないと思っていました。岩手の場合、自民党が強い県北部で互角であれば絶対に勝てます。北部でも増田の名前が知られていましたからそれが有利に働いたんです。選挙をするには知名度があるに越したことはないですからね。だから増田君を選んだんです。その後の彼の行動を見れば、良かったかどうかは別ですけどね（笑）。

「知事を絶対に取らなきゃいけない」ということで、僕も増田君の最初の知事選では、県北部の旧

2区や、僕の地元を中心に徹底的に歩きました。まずはここで勝たないとしょうがない。自分の選挙以上に歩きました。盛岡の県庁前でも大演説会をやって。選挙中の雰囲気はものすごく良かったです。選挙っていうのは、やってる本人が面白いと思ってやらなきゃダメ。つらいと思っていたら有権者に気持ちが通じません。

それにしても大勝でしたね。知事選を勝つようなら県議選でも勝つんです。具体的な候補者選びは地元の支部でやりますし、僕が県議選に直接指示を出すことはないですが、「とにかく候補者を立てろ」と指示を出しました。地元の水沢なんて定数5に5人を立てて全員当選させたこともある。でもそうやって数を立てなきゃだめなんです。競争して初めて票が増える。そこをみんな分かっていない。選挙がしんどいからと言って立てないと、結局、組織がどんどん小さくなってしまうんです。

僕は選挙では企業団体に顔は出しますが、そんなに当てにしてはいません。だいたい農協なんて僕自身が組合員なのに推薦をもらったことがない。医師会だって当初は同じ選挙区の椎名（悦三郎）さんを推薦したんです。だから僕は自分の後援会を中心にした選挙をずっとやっています。

《続く参院選では、岩手選挙区に副知事だった高橋令則《よしのり》を立てて連勝した小沢。翌年の衆院選では、全国的には新進党は伸び悩んだものの、岩手では4選挙区のうち1区の達増拓也《たっそたくや》（現知事）ら3議席を同党が獲得した。「小沢王国」と呼ばれる強固な地盤を築き、政権奪回に向け再び動きだした。》

副知事の高橋さんを参院選候補に決めたのは選挙の直前でした。最初は迷っていたようですが立候補を決めてくれました。そして、衆院選では達増君を立てたんです。あの時も役所をいろいろ探して外務省にいた達増君を口説きました。おとなしそうに見えて、決断は早かったですね。

《岩手の選挙で連戦連勝を飾った小沢陣営。この時から築かれた非自民勢力による厚い基盤は、現在も続いている。》

僕が権力から遠くなっても地元の仲間が勢力を保ってくれているということです。なぜかと言えば、仲間の助け合い、人間関係を大事にするからだと思います。自分たちの利害でくっついているわけではない。なんとなく「お互いに頑張ろうや」という気持ちのつながりがある。だから崩れないんです。そこにたまたまいい候補者が出たということでしょう。そういう基盤がないとそう簡単に勝てません。

県庁所在地の盛岡では、それほど強い特定の人間関係はないし、浮動票が多いから、きちっとした地盤を築いた人は過去にいないんじゃないですか。その意味で達増君はすごいです。

僕も元々は自民党だし、元々保守だし、仲間の連帯意識が強かった。だからずっと岩手での強さが残ってきたんだと思います。

地元の皆さんが僕が総理になることをずっと期待してくれたことも、強力な地盤を築くことができた理由であるかもしれません。でもそれだけじゃ僕が少数政党になったら支持はなくなるでしょう。人間関係が残っているから、野党になっても、民主党政権時に検察に徹底的に捜査をやられて何も政治活動ができなかった時も、それでも支持してくれた。ありがたいことです。

だからこそ、僕個人の話じゃなくて、もう一度政権交代をして、最初に立候補したときの目標である日本に真の議会制民主主義を確立しないといけない。そのためには地元をがっちりしてもらわないといけない。僕の力の源泉は地元です。そうじゃなきゃ僕なんかここまでやって来られなかった。本当にありがたいものです。地元の人たちとの信頼関係というものは。

※　ウルグアイ・ラウンド…関税貿易一般協定（GATT＝ガット）の加盟国による多角的貿易交渉（ラウンド）のうち、1986年～1994年にかけて行われた交渉のこと。南米ウルグアイで開始宣言された。日本はコメ市場の部分開放を決定し、コメの完全自給政策を転換した。ガットは発展的に解消され、WTO（世界貿易機関）が95年に設立された。

第5章

自由党から民主党へ

合併協議書に調印し、民主党の菅直人代表と笑顔で握手する自由党の小沢一郎党首＝２００３年9月24日

1998　平成10　1月6日　**54人で「自由党」旗揚げ（55歳）**
4月27日　民友連4党で新「民主党」結成
7月12日　第18回参院選、
自民惨敗で橋本首相退陣
7月30日　小渕内閣が発足
11月19日　**「自自連立」で小渕首相と合意**
2000　平成12　4月1日　小渕首相、自由との連立解消
4月2日　小渕首相が入院
4月5日　森内閣が発足
5月14日　小渕前首相が死去（62）
6月19日　竹下元首相が死去（76）
6月25日　**第42回衆院選、**
民主が躍進＝当選11回
2001　平成13　1月8日　**小沢一郎政治塾を開校**
4月26日　小泉内閣が発足
9月11日　米同時多発テロ発生
10月7日　米英がアフガニスタン空爆
10月29日　テロ対策特別措置法が成立
2002　平成14　9月17日　小泉首相が北朝鮮訪問
10月15日　北朝鮮の拉致被害者5人が帰国
11月　民主・鳩山代表、
自由党との合流提案
12月10日　民主新代表に菅氏
2003　平成15　3月20日　米英軍がイラク攻撃開始
9月24日　**民主と自由が合併調印**
11月9日　**第43回衆院選、**
民主が躍進＝当選12回
12月11日　**民主代表代行に就任（61歳）**
2004　平成16　4月　国会議員の年金未納問題が発覚
5月10日　年金未納で菅氏が民主代表辞任
5月17日　**小沢氏、年金未納で民主代表辞退**
5月18日　民主代表に岡田氏選出
7月11日　第20回参院選。民主が躍進
7月19日　鈴木善幸元首相が死去（93）
11月16日　**民主副代表に小沢氏（62歳）**
2005　平成17　8月8日　郵政法案否決、小泉首相が衆院解散
9月11日　**第44回衆院選、**
自民が圧勝＝当選13回
9月17日　民主新代表に43歳前原氏
2006　平成18　3月31日　「メール問題」で前原代表が辞任
4月7日　**民主新代表に小沢氏（63歳）**
9月12日　**民主代表選、小沢氏が無投票再選**
9月26日　安倍内閣が発足
2007　平成19　7月29日　第21回参院選。自民が歴史的惨敗
9月12日　安倍首相が退陣表明
9月25日　**首相指名選挙は衆院福田氏、**
参院は小沢氏を指名
11月　**福田首相と小沢氏が大連立交渉**
2008　平成20　9月1日　福田首相が退陣
9月8日　**民主代表選、無投票3選（66歳）**

自由党結党と自自連立

《1998（平成10）年1月、小沢は旧新進党のメンバーと共に「自由党」を結党する。当初は100人ぐらいが新党に参加するとみられていたが、参加議員は半減した。しかし、小沢の政治思想に共鳴する議員が集結、理念や政策の一致に基づく政界再編を目指す考えを打ち立てた。》

連合系、公明党という大きな組織の議員がいなくなって、自由党に残ったのはどちらかというと保守系の議員が多くなりました。考え方や目指す方向がほとんど一緒の人たちが残ったので、非常に党の運営がやりやすく、僕としては気分のいい時でしたね。「自由党」という党名は、やはり日本最初の党ですし、戦後も自由党から始まった。新たなスタートということで、必然的にそう決まりました。

《当時、山一証券破綻などの金融不安やアジア通貨危機も重なり、首相・橋本龍太郎の経済政策に批判が高まっていた。この年7月の参院選では自民党が惨敗し、橋本内閣が退陣。小渕恵三が後継首相となるも参院で過半数を割り込む厳しい政権運営の中で、自由党との連立構想が浮上した。「たとえ悪魔にひれ伏しても政権を安定させたい」。かつて反小沢の急先鋒《せんぽう》だった官房長官の野中広務はこう語り、小沢に接近する。》

当時は金融危機の真っただ中でした。参院選で自民党が負けましたが、自民党が政策をうまくやれなくて過半数を割り込んだのだから、手を貸す必要はないと思っていました。ただ、参院選から1カ月ぐらいした後でしたか、官房長官だった野中広務さんから連立政権への打診がありました。何のことはありません。野中さんが「お願いします」と頭を下げてきたんです。彼とはいろいろありましたが、僕は「政治に個人的な感情やいきさつなんか関係ない」と言いました。「こちらの政策をのむなら連立してもいいですよ」とね。

それは国連中心の安全保障政策をはじめ、これまでの自民党政権の政策をまるっきり変える中身でした。政治を変えるという目標のために、政策の中身をまるっきり変えるならいいだろう。それなら自自連立もやる価値があるという思いでした。

そうしたら、自民党側も「いいでしょう」と了承したので、僕らの方は「自民党がそこまで言うなら連立しましょう」となったんです。

自由党の両院議員総会で初代党首に選出され、あいさつする小沢一郎氏＝１９９８年１月、都内のホテル

何よりも政策を実現するためでした。それを当時のマスコミは政局論的でしか報じなかったからおかしな解釈をされてしまいました。

《11月、小沢は首相の小渕と連立に向けて合意する。そして翌年1月、国連平和活動への積極参加を柱とした安全保障政策などの基本政策を結び、「自自連立」が発足した。》

連立に向けて自民党としっかりとした政策合意を結びました。自由党の安保政策をはじめとした全部の政策を自民党がのんだんです。小渕首相以下、党5役が全部サインをしてはんこをついてね。これならば連立する意味があるということで合意しました。世間が言うように、ただ単に与党と一緒にやりたいというだけなら、その後に連立の破棄なんてしていません。

自自連立では、クエスチョンタイム（党首討論）の導入や政府委員制度の廃止といった国会改革も行いました。政治主導を実現するために副大臣・大臣政務官制度の創設なども実現させました。国会・政治改革という面では連立の成果はあったと思っています。自自連立の片鱗《へんりん》が今でも残っているとすればそういうところでしょう。

でも、連立政権がスタートして少したった頃には、もう自民党は政策合意を忘れてしまったようでした。彼らは政局だけだから、約束したことを全く守らなかったんです。副大臣などのポストといういい所だけ自民党は取って、そのほかは全く実現することができなかった。安保などの大問題で合意したにもかかわらず、できなかったのは本当に残念でした。

《連立政権で最も議論になったのが、小沢の主張で連立合意書に盛り込まれた衆院比例代表定数の50削減だった。だが、この定数削減は自民党が次に連立をもくろむ公明党が大反対する。》

「政策を実現できないなら連立解消だ」と自民党には何度も伝えていました。でも小渕さんたちはそれを単なる脅しだと思っていたんでしょう。メディアもからかい半分で報道していましたし。でも僕は脅しでも何でもない、本当にそう思っていました。だから「こんなバカなことがあるか」と怒ったんです。

自民党としてはとにかく自由党を引っ張り込んで、それを足がかりにして創価学会、公明党を連立に引っ張り込もうという算段でした。公明党は自民党と政策が相入れないから、自分からすぐに連立というのはできない。「自自連立の後に合流しよう」というのが彼らの作戦でした。僕も分かりきっていたのに、うかつなことをしてしまいました。

自民、自由両党の連立政権が合意し、握手を交わす小渕恵三首相（左から２人目）と自由党の小沢一郎党首。左端は自民党の森喜朗幹事長、右端は自由党の野田毅幹事長＝１９９８年１１月１９日、首相官邸

小沢・小渕会談

《1999（平成11）年10月に公明党が加わり「自自公」による連立政権が発足すると、自自連立で合意した政策を進める意欲が自民党から急速に失われていった。そして、何度となく連立離脱の話が持ち上がる中で、翌年4月、小沢と小渕、そして公明党代表の神崎武法の3人による党首会談が行われた。》

会談の席で僕は「みんな連立の合意書に署名捺印《なついん》しているんだ。あなた（小渕首相）も署名したじゃないか」「約束しているのに、なぜ政策を進めないいんだ。合意書ならここにあるぞ」と言ったんです。自民党の人たちは口をつぐんで何も言いませんが、今でもその合意書はあります。公表すれば驚くような内容です。

《3党首での話し合いの後、小沢と小渕は二人きりで向かい合った。二人の話は20分ほど続いたという。》

二人になった時、小渕さんから「いっちゃん一緒にやろうよ」と言われました。でも僕から「約束を守れない人とは一緒にいるわけにはいかないよ」と言ったんです。僕は「総理総裁だもの。一言あなたが『この通りに政策を進めろ』って言えばいいじゃないか」と話しました。

すると小渕さんは「いっちゃん申し訳ない、でも俺の性格を分かってるだろ。強いこと言えねえんだよ」って言うんです。僕が「分かってるけど、あなたがここに署名捺印しているだろう」と言ったら、「ごめん、ごめん。そこを何とか頼む」と言うだけでした。それじゃあしょうがないです。

その時にはもう連立政権に公明党を引っ張り込んでいましたから。自由党が連立を離脱しても「まあいいや」と腹の中では思っていたのかもしれません。

《3党首による会談は決裂。会談後、連立の離脱を決断した小沢は、集まった記者団に対し「大変残念で、はなはだ遺憾だ」と、連立合意による政策が進まないことに無念さをにじませた。》

野中さんや亀井さんが裏でいろいろ動いていましたから、全然政策を進める気はなかったんでしょう。政策合意書に署名したことなんて自民党側は最初から何とも思っていないというのは分かっていましたし、自民党なんてそういう政党だって分かりきっていたのに。

当時は情に流されたような気がします。やはり小渕さんは昔から知った仲でしたからね。あの人はあまり自分の意志を表に強く出さない人だから、しょうがなかったのかもしれません。まあ簡単に言うと、自民党にだまされたんです。

《3党首会談の翌日の午前1時ごろ、小渕が首相公邸で倒れ緊急入院する。脳梗塞と診断されるが、そのまま帰らぬ人となってしまった。》

小渕さんはもともと心臓が悪かったのは知っていました。ものすごく若い頃でしたが、小渕さんが自民党の逓信部会長か何かをやっていた時に、僕も党本部で開かれた部会に出ていたんですが、小渕さんが途中で倒れたことがあって。僕がおぶって控室まで連れて行って寝かせたことがありました。亡くなったのは脳梗塞でしたが、心臓も昔から弱かった。

二人っきりで話したあの晩に小渕さんが倒れましたから、最初に聞いた時は、僕も考え込んでしまって、言葉になりませんでした。会談では、倒れるなんて兆候は一切ありませんでしたから…。

《連立離脱決定後、政権残留を求めた二階俊博や小池百合子ら衆参26人が自由党を離党、「保守党」を結成する。これによって小沢率いる自由党は衆参24人となり、所属議員は半減した。》

自由党内でも二階俊博さん一派は初めから自民党と合併したがっていましたね。しかし、たとえ彼らと別れてでも、政策合意の約束を守らないのなら自民党と一緒にいることはできませんでした。二階さんたちは離党して、保守党をつくりましたが、新党をつくるふりをしただけで、結局は自民党と一緒になったでしょ。自民党に帰りたかったんです。単に権力の側にいたい人間もいるんです。

この連立離脱が原因で、自由党は半分になってしまいました。それを見ても連立や連立離脱が政局論とは全く別の話だと分かってもらえると思います。合意したことを自民党が「やる」と言えば連立はそのままだったんです。でも僕は自由党を半分にしてでも政策を実現しようと思いました。

そのまま権力にいたければ、黙っていました。ただ連立に残っていても、政策は進まないし、政権交代可能な二大政党制も難しくなる。両方がダメになってしまう。だから連立を解消したんです。

加藤の乱

《小渕内閣が総辞職し、後継首相に就任したのが森喜朗だった。自民、公明、保守の3党による「自公保」の連立政権がスタートしたのは、自由党の連立離脱、小渕が倒れてわずか3日後。幹事長の森喜朗ら自民党幹部のいわゆる「五人組」による密室での首相指名に批判の声も上がった。》

森さんが総理になったのには驚きました。入院している小渕さんが官房長官だった青木（幹雄）さんを「首相臨時代理」に指名したっていうんですけど、そんなのうそです。小渕さんは意識不明で寝ているのに話せるはずがない。五人組で決めたというが、森さんがどういう過程で総理に選ばれたのかも分かりません。

今も続いている自民党と公明党の連立の枠組みが始まったのは、この時からです。ただ、自民党と公明党はそもそも政策が相いれない。だから最初から連立はできなかったわけで、「自由党がいるから」ということで公明党は連立に入ることができました。公明党は基本的に権力の側にいなくちゃダメな政党なんです。一度くっついてしまうとなかなか離れられないんでしょう。

一方で自民党は選挙で公明党、創価学会に頼らざるを得なくなった。今では創価学会頼みで、自民党の足腰は非常に弱くなっています。だから野党がしっかりすれば一気に勝てるんです。

《首相となった森だが、「神の国」発言[※1]など相次ぐ失言などで支持率は一気に下落。2000（平成12）年11月には、野党提出の森内閣への不信任決議案に、加藤派会長だった加藤紘一が同調する構えを見せる事態となった。いわゆる「加藤の乱」だ。》

そもそも誕生した経緯から森さんは国民に支持されることはあり得ませんでした。そのような中で加藤の乱が起きたんですが、僕に最初に連絡があったのは山崎拓さんからでした。

山崎さんに会うと「自分は腹を決めた。加藤さんも決めている」と不信任案に賛成すると言うんです。だから僕は「あなたの腹の内は分かった。だけど加藤さんは本当にそうなのか？」と聞いたんです。すると山崎さんは「大丈夫だ」と言いました。

僕はここで自民党を崩すことができたらいいとは思いましたが、この話はちょっと疑問でした。それで「加藤さんと会って直接話をきかないと信用できないよ」と答えたんです。加藤さんの「お坊ちゃん」のような性格は以前から分かっていましたから。それで山崎さんが「今度、加藤さんを連れてくるから3人で会おう」となりました。僕も「彼と会って本気だったら乗るよ」と話したんです。

その時、加藤さんは民主党の菅直人さんらと連絡を取り合っていたらしいですね。だからダメなんです。結局、会えないでいる間にこの話は無しになってしまいました。加藤さんの気持ちが揺れたんです。それでおしまい。テレビの前で泣いているようではしょうがないです。

《内閣不信任案への賛成を明言した自民党の加藤と山崎だが、党内に同調する議員は広がらず、本会議の採決で欠席に転じる。結局、加藤派は党執行部の切り崩しに遭い、不信任案は与党の反対多数で否決された。これによって名門派閥「宏池会」は分裂することとなった。》

グループが割れてしまって、加藤さんはこれで政治家として終わりになってしまいました。だからリーダーは優柔不断じゃダメなんです。どちらにするにしろ決断しなきゃいけない。最初からやらないならあんなことをしなきゃ良かったんです。でも、この時の山崎さんは見事でしたよ。派閥に十数人しかいなかったけれどグループをまとめて採決を欠席したんですから。

小泉内閣

《不発に終わった「加藤の乱」だったが、依然として森内閣の政権運営の厳しさは続いた。2001（平成13）年2月にハワイ沖で起きた実習船「えひめ丸」事故で、一報を受けた後も森がゴルフを続けるという不祥事などが発覚し退陣を表明。総裁選で小泉純一郎が選出された。》

自民党総裁選では、最初はだれも小泉さんが当選するとは思いませんでした。小泉さんはこつこつ働いて、勉強して力を養うタイプじゃないから、永田町では仲間もいないし。でも田中真紀子さんが応援に回ったおかげで小泉さんは勝てたんです。

真紀子さんは単なる「経世会憎し」で小泉さんを応援したようなものでした。小泉さんはそれをうまく利用したんでしょう。あの時の真紀子さんは国民からものすごい人気でしたから。小泉さんの人気がぐんと上がって地方票が伸びました。

《首相となった小泉は田中真紀子を外相に起用。そんなサプライズを演出する手法で80％超という驚異的な高支持率を誇った。》

小泉さんは権力をうまく使ったわけです。真紀子さんは利用されただけで、ダメだと思ったらすぐに切られてしまった。そこが彼の権力者たるところでしょう。そういうことを平気でやる。権力の使い方、パフォーマンスも含めてうまい。人の気持ちをパッとつかむのはうまいんです。それは政治家の一つの能力です。安倍晋三総理もその点はまねたのかもしれません。だから僕は小泉さんのことはある意味で高く評価しているんです。

《小泉内閣での初の国政選挙となった２００１（平成13）年7月の参院選は、「小泉改革」の是非を争点に自民党が勝利する。鳩山由紀夫を中心に結党した民主党や小沢自由党は改選前より議席をわずかに増やしただけで伸び悩む結果となった。一方で、岩手選挙区では自由党が新人の平野達男を擁立し勝利する。》

岩手でも小泉人気は高かったですね。世論調査をしたら僕の地元の胆江《たんこう》地区だって60％以上が小泉支持でした。後援会でも半分ぐらい支持があったんじゃないですか。だから大変でした。でも、平野君が初めて勝った2001年の参院選は痛快でしたね。

実はあの時は選挙の1週間前の世論調査で10ポイント負けていました。それで「大変だ」となって、最終日の土曜日に僕が岩手に入ったんです。沿岸北部の久慈から宮古、釜石、大船渡と南下した後に、千厩、一関、水沢、北上、盛岡と内陸部に入って県内をぐるっと遊説しました。水沢なんか5、6千人動員したかな。商店街を全部埋め尽くすぐらい大勢の聴衆が集まりました。

小泉総理も同じ土曜日に岩手に入ったんです。選挙が始まって岩手入りしたのは僕も総理も2度目。同じ県に総理が2度来るなんて普通はないです。岩手は絶対につぶそうと思って、意地になったんでしょう。

ただ、あの時の選挙は、土曜日に勝負が決まったわけではありません。「小沢が地元に入るから徹底して人を集めろ」という、人を集めるための運動が1週間前からバアーっと全県に広がったことが大きかった。それで各地区とも2、3千人単位で集めることができました。自民党が強かった旧1区であれだけ人を集めたことは初めてでしたから、その後の参院選や衆院選にも大きな影響があったと思います。

民由合併

《2001年夏の参院選で自民党が勝利し、国民的な支持を受けて小泉路線がさらに強まる中、民主党内では代表の鳩山由紀夫への批判が噴出、辞任要求が高まっていた。そして翌年の11月、小沢のもとに鳩山サイドから民主、自由両党の合流を視野に入れた話し合いの申し入れがあった。》

合併話は突然でした。11月に「どこかで会いたい」という話があり、鳩山さんとホテルかどこかで非公式に会ったんです。そうしたら合併の話でした。参院選で負けて、このままの民主党じゃあとてもダメだと思ったんでしょう。当時の民主党の支持率は5、6％程度、自由党は2％ぐらいでした。それですぐに「そういうことなら協力するよ」と応じたんです。その後に公の場で会談しました。会談では鳩山さんが「自分は辞任するから、合併したい」と切り出しました。民主党内がごたごたになっていて、鳩山さんは「辞任と引き換えに合併を進めたい」ということでした。

民主党はいろいろな勢力が一緒になっていましたが、ああいう曖昧な組織の体質では政権は取れないという判断があったのでしょう。民社や連合系も合流していましたが、労働組合関係だけでは絶対に政権は取れません。政権を取るには保守系の浮動票を持っていた自由党と一緒にならなければと思ったのです。

一方、自由党としては、自自連立後の分裂で人数は半分になりましたが、政策的にはすっきりして、みんなが結束して一番気持ちのいい時代でした。比例代表では全国で約660万票を獲得し、政党としても立派な勢力がありました。でも、われわれのような純血種だけでは過半数にはならない。このままでは政権が取れないという危機感が徐々に高まっていた時でもありました。

合併については、こちらから条件などは一切つけていません。お互いに足りない部分を補い合おうと、合併の話を進めたんです。

《一方、この合併議論には、政策や党運営など両党の文化の違いのほか、「豪腕」小沢への警戒感も加わり、仙谷由人《せんごくよしと》や枝野幸男らを中心に民主党内では反対の声も上がっていた。》

その後、鳩山さんに代わって民主党代表に菅直人さんが就いて合併の話を進めていたんですが、2003年の正月すぎに菅さんが「党内で反対が多くてダメでした。すみません」と断ってきたんです。そうしているうちに1、2カ月後にまた申し入れてきた。「今度こそは本当だ」というようなことを言っていましたが、結局それもダメだった。

菅さんも選挙に勝つためなら合併は仕方ないと思っていたようですが、仙谷さんら仲間内からは感情的な反対もあり、苦慮したんじゃないですか。ただ、自分たちで合併を申し込んでおいて、自分たちで断って、３回も同じことを繰り返したんですからどうしようもない。昔から結論が出せない党なんです（笑）。

まあ日本はどこの組織もそうかもしれません。決めるということは自分で責任を取るということです。それをみんな嫌がるんです。責任を取りたくないから決められない。「自分はこう思う。了解してくれ」と言えないんです。

最終的に6月ごろに当時の岡田克也幹事長が来て「党名も民主党で、政策も民主党の政策で了解してほしい」ということを言ってきました。僕は条件も付けていないし、こちょこちょ小さいことを言っても意味が無いですから「いいですよ。ただ、今度は断らんでくれよ」とだけ言いました。それでようやく合併となったんです。

《２００３（平成15）年7月23日、小沢と菅が会談。自由党が解散し、所属議員が民主党に合流することで基本合意する。９月には合併調印式を行い、衆参両院で２００人を超す新・民主党が発足した。会見で小沢は「戦後政治の中で、初めて自民党に代わって政権を担当しうる野党が誕生した」と語った。》

民由合併が実現できた最大の立役者は鳩山さんでしょう。鳩山さんが自らの辞任と引き換えに合併の流れに先鞭《せんべん》をつけたのが大きかったと思います。辞任から7、8カ月かかりましたけど、鳩山さんがいたからこそ実現できました。彼はああいう性格だから、人を陥れるようなことはしない。鳩山さんの心の中には合併がダメなら新党もというのもあったと思います。それだけ彼は本気でした。

《議席を徐々に伸ばしながらも「頼りない」「経験不足」と政権担当能力への不安の声もあった民主党だが、小沢という一つの軸ができたことで、その姿を変えていった。政権選択を最大の争点とした11月の衆院選では、民主は解散時の137から177に議席を伸ばした。菅直人が年金未納問題※2の責任を取って辞任し、岡田克也が代表となるが、翌2004（平成16）年の参院選でも比例代表で自民を上回るなど躍進する。》

民由合併は、民主党に僕の政治経験と自由党が持つ保守系の支持層を加えるという、両方の意味で効果が大きかったと思います。二大政党制に向けて政権交代の受け皿ができたという国民の受け止め、雰囲気が出てきました。

民主党は当時は労働組合の政党のようなイメージが持たれていましたからね。だからわれわれのような保守、中道左派が一緒になったことによって、より国民に安心感を与えたということでしょう。

郵政選挙

《首相の小泉純一郎は最重要課題と位置付けていた郵政民営化法案が参院で自民党議員の造反によって否決されると、「郵政民営化に賛成するのか、反対するのか。国民に問いたい」と、２００５（平成17）年8月8日、衆院を解散。「郵政選挙」に突入した。》

小泉さんもむちゃくちゃです。参院で否決されたものに対して衆院を解散するなんて本来は筋道が通らない、前代未聞だ。それでも彼は平気でやってのける。そういうところがうまいんです。パフォーマンスと勘がいい。やれば絶対に勝てるという勘が働いたから解散したんです。割り切りがすごい。

ただ、小泉さんがなぜ郵政改革をしようと考えたかというと、自分の選挙区には田川誠一さん（元自治相）というライバルがいて、特定郵便局などの郵政関係団体はずっと田川さんを推していたんです。小泉さんはそれで選挙に苦労していた。だから「特定郵便局をつぶせば改革をできる」なんて言って郵政民営化を進めたのであって、実は自分の選挙事情があったんです。そこがうまい。自分の闘争を一点に集中させて、焦点をそこに持っていって突破するというやり方は非常にうまかった。ただ多分にして私情、私怨《しえん》の話なんです。それに郵政族は田中派の議員が多かったから、田中派をつぶすというのも大きな理由でした。自分の恨みつらみを晴らすという一面もあったんです。公私ともに一致したというところでしょう。そういった勘は抜群なんです（笑）。

《郵政民営化の是非を争点とした衆院選だったが、小泉は民営化に反対した造反議員に刺客候補を立てるなどして、メディアを引きつける「劇場型」の選挙戦を展開。自民党は歴史的な大勝利を収める一方、民主党は惨敗した。》

小泉さんのおじいさんは「入れ墨大臣」と言われた人で、けんかがうまかった。それも政治家の能力の一つでしょう。その血を引いて、その能力を最大の機会に最大に利用したということです。毎日のようにぶら下がり会見をしたり、テレビを使うのもうまかった。でも「規制撤廃」なんて主張していたが、竹中平蔵さんの言うことを聞いていただけ。格差を拡大させただけで、中身としては疑問があります。

小泉さんは僕が自民党幹事長の時に副幹事長でした。選挙の関係で一緒に地方を回ったりもしましたが、若い頃にはそんなに存在感があった人間ではなかったですね。国会対策に汗をかいたわけでもない。でも政治的感覚と割り切りがいい。今は反原発を訴えていますが、自民党時代に賛成だったことを問われても、「んー、変わった!!」とそれでおしまい。そう言われると質問が後に続かない。そこがすごいんだ（笑）。

《郵政選挙の責任を取って岡田が民主党代表を辞任すると、後任には43歳の前原誠司が就任した。40代前半での党首は異例の若さ。党再生に若返りを図った格好だったが、そこで起きたのが「メール問題」だった。自民党の衆院選候補が党幹事長の親族に選挙費用3千万円を振り込むよう指示したメールがあるなどとして、民主党議員が国会で追及。結局、そのメールは偽物と判明し、対応が後手に回った前原の辞任へと発展する。一連の事態は、民主党執行部の経験の浅さを印象づけてしまった。》

メール問題の時は僕は無役で見ているだけでしたが、初めから信用していませんでしたね。しかし、予算委員会で何の根拠もなく、啖呵《たんか》を切って追及してしまった。その時の国対委員長は野田佳彦さんです。若かったから仕方がない面もありますが、前原君も野田さんもそういう感覚でした。

民主党代表へ

《政権交代を目指していた民主党にとって、格差の拡大などで小泉旋風に陰りが見え始めた時期だっただけに、「メール問題」は党の信頼を失墜させる大きな打撃となった。党が緊急事態を迎える中で、立て直し役として浮上したのが小沢だった。》

当時、新聞には「代表選に意欲」なんて書かれたけど、僕は積極的ではありませんでした。でも要するに従来の民主党議員では適任者が誰もいなくなったということ。鳩山さん、菅さん、岡田君、前原君とやってみんなダメだったんだから。その時に先頭を切って僕を推したのが社民党出身の赤松広隆君でした。僕は特に「嫌だ」とも言わず、まあその時の流れに任せた感じでしたね。

《民主党代表選で演説に立った小沢は「変わらずに生き残るために

両院議員総会で民主党の新代表に選出され、前原誠司（左）、菅直人（右）の両氏と握手する小沢一郎氏＝２００６年４月７日、東京都内のホテル

は、まず私自身が変わらなければならない」と宣言する。強引にも見える小沢の政治手法に対し、党内で一部に懸念がある中で、「ニュー小沢」をアピールして勝利した。そして、代表選で戦った菅を代表代行、鳩山を幹事長に据える「トロイカ体制」で政権奪取に突き進んでいく。》

あの時は、若い連中に「あいさつ文をみんなで考えてくれ」と言ったんです。10人ぐらい集まって、ああだこうだと考えていましたが、僕が以前から言っていた「変わらずに…」のフレーズを使いたいと言うので、「いいよ」と言ったんです。あの言葉は若いころに見た映画「山猫」のせりふでもあるんですが、それで「新しい小沢」を表現したんです。

３人でのトロイカ体制は、それぞれの特徴がでる形で選挙や党運営にはちょうど良かったんでしょう。僕は保守の流れだったし、菅さんは僕より少し左寄りの考えで、鳩山さんは民主党の生みの親としてつくりながらやってきた人ですから。それぞれ三者三様でしたから、それがうまく機能したというところでしょう。

《２００６（平成18）年４月の代表就任直後にあった衆院千葉７区の補欠選挙。当初は「メール問題」で自民党優位とみられていたが、小沢の代表就任で情勢が一変する。自民党は首相の小泉を投入するなど総力戦を展開するも、新人の太田和美が９５５票という僅差で自民党候補を破った。》

小泉総理との戦いとして思い出深いですね。あの時は太田君と一緒に僕は自転車に乗って遊説もしました。何十年かぶりで自転車に乗って、倒れそうになっちゃってね（笑）。同じ日に小泉さんが松戸駅前で4、5千人集めて街頭演説をやったんですが、僕の方は選挙区の一番端っこの小さな町で街頭をやって、集まったのは300〜400人ぐらいと自民党の10分の1以下でした。

当初は自民党の圧勝で、メディアでも勝ち目はないと言われていました。だから民主党議員全員に「東京なんかいないで千葉7区に入れ」と大号令を出したんです。そうしてひっくり返したんです。

前原君の後を受けて代表になってすぐの補欠選挙でしたから、勝った時は本当にうれしかったです。それで党の雰囲気が一気に良くなりました。あれだけ人気のあった小泉総理と対決して勝ったのは本当に痛快でした。

選挙態勢の構築

《代表となった小沢が最も力を入れたのが、民主党を選挙に強い体質に変えることだった。次期参院選での与野党逆転、そして衆院選での政権交代を目指し、田中角栄仕込みの選挙の教えを徹底する。その象徴が「川上戦術」だった。》

選挙は人があまり行かないような田舎から始める。それが川上戦術です。みんなすぐに大票田の都会に行きたがるが、都会はあてになりません。参院でいえば農村部の1人区。ここで勝つことができれば全体でも勝てるんです。川上戦術は、政策的にも戦術的にもあらゆる意味で選挙にとって重要なんです。

民主党代表だった当時、参院選の公示日に石破茂君の地元鳥取の山あいの選挙区に入って、小さな村で500人以上集めたことがありました。全員と握手をしてね。そういう話は田舎から都市部に一気に広まるんです。最終的にそこで勝つことができました。

衆院千葉7区補選の応援で、集まった聴衆を前に演説する民主党の小沢代表＝2006年4月15日、千葉県野田市

東京もそうですが、都市部の人たちはみんな周辺部、郡部から出て来た人たちです。だから自分たちの生まれ育った場所に行ってくれるのはものすごく効果がある。実家にいるじいちゃん、ばあちゃんは「小沢が来たよ」って電話するからね。農村部での活動は都市部にもものすごい効果があるんです。

政策的には地方、過疎地ではいまだに格差の問題がある。格差の是正というのは民主党の政策の大きな柱でもありました。政策論的にも選挙戦術的にも川上からというのは絶対なんです。

でも初めは民主党の議員は全然ダメでしたね。みんな真面目な選挙活動を嫌がるんです。みんな大きい街に行きたがるし、労働組合のような大きい組織を頼ってしまう。だからそういった考えを根本から変えました。

《さらに小沢が進めたのがマニフェスト（政権公約）の強化だった。》

最低保障年金に農家の戸別所得補償制度、子ども手当など。新たな政策を入れたマニフェストは政権交代に向けて非常に大きかったです。特に地方を回っていて有権者から大きな反響がありました。もちろん都会でも特に子ども手当なんかはみんな大喜びでしたね。このマニフェストがあったからこそ政権交代ができたんです。

全国を回っていても雰囲気が徐々に良くなってきたのが分かりましたし、世論調査をしてもジリジリと右肩上がりで支持率が上がっていきました。僕が民主党に加わって、さらに代表になったことの効果もあったのかもしれません。国民の間で「今度は政権を任せても大丈夫そうだな」という安心感のようなイメージを持ってくれたのかもしれませんね。

《全国各地で候補者の擁立を進めた小沢。参院では1人区に加え、複数区への複数候補の擁立も推し進めた。》

参院選の２人区には２人の候補を立てることも徹底しました。それに対して一番文句を言ったのが連合でした。だから連合の組織、労働組合は大きくなれない。組合員も減少しているでしょう。過半数を取るには過半数を立てなきゃダメなんです。それは絶対。今の候補者調整なんて甘いんです。

その一方で、僕は連合との関係強化もやりました。僕が代表になってから連合の当時の会長だった高木剛さんや事務局長の古賀伸明さんらと全国を回って、選挙態勢を構築していきました。高木さんは同じ旭化成出身だった米沢（隆）さん（元民社党委員長）の弟分で、僕とも近い関係にありましたから。政権交代までずっとよく歩きました。

ねじれ国会

《長期政権となった小泉内閣の後継となったのが、戦後最年少、初の戦後生まれの首相となった安倍晋三だった。だが、「郵政選挙」の造反議員の復党問題や年金記録の不備問題、閣僚の相次ぐ不祥事などで支持率は急降下。２００７（平成19）年7月の参院選で自民党は惨敗し、民主党など野党が参院で過半数を取る「ねじれ」の状況となった。》

安倍総理のおやじさんの晋太郎さんは、僕のことを他派閥では一番かわいがってくれた人でした。僕が自民党の幹事長になる時も彼は大賛成してくれてね。その意味では総理はおやじさんとだぶるところがあるから、個人的には憎らしいというような感情は一切ありません。でも、安倍総理自身のイメージにも、ひ弱なところがありました。総理になってすぐ難しい局面になったから、よけい精神的に参ってしまったんでしょう。

参院選で勝ってねじれ国会という状況をつくったことで、政権へ大きく近づいたと思います。衆院で3分の2の議席を取っていれば別だが、参院を押さえると法律など何も通すことができないから与党にとってみれば深刻なんです。

《ねじれ国会の中、焦点となったのがインド洋での海上自衛隊の給油活動を継続させるテロ対策特別措置法の扱いだった。首相の安倍は小沢との会談を模索するが実現せず。局面打開の糸口が見えないまま、9月の臨時国会での所信表明を終えた直後に唐突に退陣を表明した。》

当時は山岡賢次君（元国家公安委員長）が国対委員長でしたが、総理からの党首会談の正式な申し入れはありませんでした。山岡君のところに誰かが非公式にそういう話を持ってきたようでしたが、僕は「会いたいならいつでもいいよ」と言っていたんです。そして検討しようとしているうちに、政権がもたなくなってしまった。行き違いだったのか何なのかは知らないですが、党首会談ができないということを辞任の口実にしたんでしょう。

所信表明をした後に辞任するなんて、全くの非常識。あの時はびっくりしましたね。ねじれ国会で思い通りにできなくて、これでおしまいだと思ったんでしょう。まあ、それがその後に再登板となったんだから、世の中分からないね。

大連立騒動

《安倍の後を受けた福田康夫は、ねじれ国会という八方ふさがりの状況を打開しようと、小沢に民主党との連立政権の樹立を打診する。いわゆる「大連立構想」だ。》

大連立の提案は、読売新聞のナベツネ（渡辺恒雄）さんが中に入って「福田総理が大連立の話をしたい」ということが伝わってきたんです。僕は「会いたいなら、会うのはいいですよ。いつだって誰とでも会いますよ」と応じました。それだけ福田さんがねじれ国会に困っていたんでしょう。だから僕は対等の連立だと初めから思っていました。民主党が将来的に政権を取るためにもいいし、行政、政治を覚えるためにもいい。僕は大連立はとてもいい方策だと思いましたね。何より向こうが言ってきたんですから。

当時、僕の方から連立を持ち掛けたなんて報道がありましたが、あれは完全に誤報です。ナベツネさんが自民党側に「民主党から言ってきた」なんて調子のいいことを言っていたんでしょう。それを森喜朗さんらが触れ回ったんです。こっちには何も連立を持ち掛ける理由はないですから。困っているのは政府なんだから、そんなことはしません。

《そして10月と11月、小沢と福田は2度にわたって党首会談を行う。》

福田総理からは、この国会の状況を「何とかしてほしい」という話をされました。彼はものすごく誠実な方です。「角福戦争」なんて言われて、お父さん（福田赳夫《たけお》）は田中先生と仲が悪かったけど、言うほど悪い人ではなかったですから。

会談は二人きりでした。僕から言ったのは、国の安保政策を根本的に変えなきゃダメだということ。「国連中心の平和維持という考え方に転換すべきだ」と主張しました。「その原則を確立しないといけない。そうでなければ協力できません」と言いました。

笑顔で党首会談に臨む民主党の小沢一郎代表（左）と福田首相＝２００７年１１月２日、国会

そうしたら福田総理は「はい、分かりました」と言って、大乗り気でした。彼は自衛隊の海外派遣について積極的なタイプじゃないし、僕と同じような考え方が根底にあったと思います。彼は真面目でした。１度目の会談後に、基本的な考え方を紙に書いて持ってきたんです。そして僕の方から「この程度じゃだめだ。もう一度考えてきてください」と言って。それで2回目の会談になったんです。

会談の中では、連立を組んで具体的にどういう政権の格好にするんだという話もしました。福田さんは「大臣だってちゃんとやってもらいたい」と話して、国交相や経産相とか四つ五つの閣僚ポストも挙げていました。「当然そういう考えでいますから」と言ってね。福田総理が「これで行く」と言えば、自民党もその通りになるはずでした。

僕も自民党にずっといて幹事長までしていますから。福田さんにしてみれば、お互いに分かっている仲のような意識を持っていたんでしょう。これが完全に野党出身だったらそういう話にはならなかったと思います。

《福田との会談で感触をつかんだ小沢は、いったん回答を保留し党に持ち帰る。だが、民主党の役員会で大反対に遭い、結局、大連立の提案を拒否することになった。》

会談後に参院議員会長の輿石東《こしいしあずま》さん（元参院副議長）と話したのは覚えています。輿石さんは「それはいいじゃないですか」と言ってくれました。でもその後の役員会ではしゃべらないんだ。鳩山さんや菅さんも特に何も言わなかった。黙っていました。自分としては「民主党の政策が実現できるし、大臣を四つも取るんだから政権政党の訓練にもなる」「庇《ひさし》を借りて母屋を取れるんだ」と説明したんです。

でも役員会は大反対でしたね。「そんなことをしたら社会党の二の舞いになってしまって失敗する」という話が多かった。社会党のトラウマがあったんでしょう。自社政権なんてひどいことをして、その結果、社会党はつぶれましたからね。でもあの時とは状況が違うんです。こっちは参院を押さえているんだから。でも、どう説明してもダメでした。せっかくこっちが民主党を心配してやっているのに…。

福田さんも「ダメだ」と伝えられて、がっかりしたと思います。参院の勢力が変わらなければ何にもできないですからね。

民主党に入って分かりましたが、朝から晩まで会議ばかりやっていて、何にも結論が出ない。政権党じゃないから議論をすることが仕事になってしまっていました。この段階でも本当に政権を取れるとは思っていないようでしたね。万年野党の感覚。それをたたき直すのは容易ではなかったですね。

でも今思えばあの時に突破していれば良かった。「反対の人は役員を辞めてくれ」と言って大連立に突き進んでいれば、その方がその後の政権交代もうまくいっていたでしょう。当時の民主党の議員の中には、「あの時大連立をしておけば良かった」なんて後になって後悔している人間も結構います。本当に残念でした。

《大連立構想で一時混乱した民主党だったが、再び自民党政権打倒に向けて動きだす。日銀総裁人事への不同意を繰り返すなど、福田政権との対決姿勢を鮮明にする。そして政権運営に行き詰まった福田は、前任の安倍と同様、約1年で退陣を余儀なくされた。》

惜しかったですね。福田さんはいい方でした。党首会談の時の「何とか頼みたい」という姿勢は、本当に実直な方だというのが伝わってきました。彼の初当選の時は僕が幹事長ですからね。本当に残念でした。

※1　神の国発言……2000年5月、首相の森喜朗が「日本の国、まさに天皇を中心にしている神の国である」などと発言。戦前の天皇中心の国家観を肯定する発言とも受け取られ、波紋を広げた。翌月に行われた衆院選で、自民党は議席を大幅に減らし単独過半数に達せず、公明党、当時の保守党を加えた与党三党で連立政権を維持した。

※2　年金未納問題…国民年金保険料の未納が問題となる中、2004年に当時の小泉内閣の閣僚を含む政治家に未納期間があることが発覚。閣僚が辞任に追い込まれたほか、野党の党首らにも問題が波及した。

民主党の両院議員総会を前に、退陣する鳩山首相とあいさつを交わす小沢幹事長＝２０１０年６月２日、国会

第６章 民主党政権誕生

２００８　平成20　９月24日　麻生内閣が発足
２００９　平成21　５月11日　**民主代表を辞任**
５月17日　**民主代表代行（選挙担当）に就任**
８月30日　**第45回衆院選、民主大勝し**
政権交代＝当選14回
９月15日　**幹事長に就任（67歳）**
９月16日　**鳩山内閣発足**
２０１０　平成22　５月28日　普天間飛行場移設で日米共同声明
６月２日　**鳩山首相が退陣。小沢幹事長も辞任**

衆院選開票センターの壇上で笑顔を見せる民主党の鳩山代表（左）と小沢代表代行＝２００９年８月３０日、東京・六本木

政権交代への助走と「国策捜査」

《2008（平成20）年9月、麻生太郎が首相に就任する。次期衆院選での政権交代を目指していた小沢民主党は、参院での「ねじれ」を前面に審議拒否に打って出るなど、麻生政権への攻勢を強めていった。麻生自らの失言などで内閣支持率が低下する中で、民主党の支持率は自民党と拮抗《きっこう》。小沢は政府与党を一気に追い込んだ。》

麻生さんが総理に就任した時点で、既に自民党の支持率は低い状況でした。小泉さん以来、安倍、福田、麻生という政権のたらい回しが国民に批判されていましたから、総理が代わったところでダメだったんでしょう。早い段階で政権が取れるという感触を持っていましたが、麻生さんはずるずる任期いっぱいまで解散しないという観測もありました。もう少しやっていれば支持率が回復するという読みで解散を先延ばしにしたんでしょうが、どちらにせよ行き詰まっていましたね。

民主党は政党支持率が右肩上がりで、絶対に勝利のパターンでしたから、次の衆院選に向けて選挙準備を加速させていきました。全国を回っているうちに、ものすごくいい雰囲気を感じましたね。候補者の擁立に向けて全国を個別に回って、着々と選挙態勢もできつつありました。

《年が明けると民主党は自民党を支持率で上回り、いよいよ政権交代が現実味を帯びてきた。そんな中で迎えた２００９（平成21）年３月３日、準大手ゼネコン西松建設の裏金をめぐる事件を捜査していた東京地検特捜部が、違法な企業献金を受け取ったとして、政治資金規正法違反容疑で小沢の公設第一秘書らを逮捕した。》

紀尾井町（千代田区）の僕の事務所で渡部恒三さんと碁を打っていた時でした。本当に突然、「逮捕された」という話が飛び込んできて、そんなのうそだろうという感じでした。「なぜ？　あり得ないだろう」と言ったぐらい、初めは現実だとは理解できませんでしたね。でも、すぐに政治的なものではないかと思い始めました。普通は証拠固めのために事情聴取をしたりするのですが、何もなしにバッと逮捕したんです。証拠はないが、逮捕すれば何か出てくるだろうという見込み捜査、時の政権と検察官僚による明らかな国策捜査です。こんなことは民主主義国ではあり得ません。これをやられたらどんな人でも権力によって社会から葬られてしまいます。

政権交代が現実に見えていましたし、このまま僕が天下を取ること

記者会見で辞意を表明した民主党の小沢代表＝２００９年５月１１日夕、東京・永田町の党本部

を彼らは恐れたんでしょう。「何としても小沢をつぶせ」となったんです。自民党幹事長時代の湾岸戦争時に内閣法制局の抵抗で迅速な国際貢献ができなかった経験があったので、僕は「内閣法制局はいらない」という主張をしていました。「公安調査庁だっていらない」とも言ってきました。内閣法制局長や公安調査庁長官は検察出身者が多いんです。「政権交代で大改革をする」と公言していた時でしたから、「あいつが総理になったら大変だ」ということになったんでしょう。

検察が主導して「捜査をやりたい」と言って、自民党が「よしやれ」とオーケーを出したということになったんだと思います。それは極めて不公正な権力の行使です。

メディアは毎日、毎日、僕を犯罪人のように書き立てますから、世論調査をすれば「小沢は辞めろ」となるのは当然です。しかもマスコミの情報も全て検察のリークなんです。僕が「辞める」と言えば罪を認めることになってしまうので、初めのうちは自ら辞任をするということはできませんでした。

《秘書逮捕を受けた小沢は「何ら政治資金規正法に違反する点はない」と主張し、代表辞任を否定する。ただ、これによって党内外から小沢に辞任を求める声が出始めた。そして、大型連休明けの5月11日、記者会見を開いた小沢は「挙党一致の態勢をより強固にするため、あえてこの身をなげうつ」と述べ、代表を辞任する意向を表明した。》

大型連休の真っただ中でした。僕のために民主党が天下を取れなかったらいけないという思いで、「代表を辞任したい」と幹事長の鳩山（由紀夫）さんに申し出て、相談して決めたんです。党内からも「代表を辞めろ」という声も出ていましたからね。そこが自民党と違うところかな。ただ、政権交代の障害になるのであれば、それを取り除かないといけない。「政権交代のために、自分は辞める」と言ったんです。

《総理の座まであと一歩のところで辞任を決断した小沢。会見で記者から「無念では」と問われると、「政権交代のスタートを自分の目で確かめることができるなら、まさに政治家の本懐、男子の本懐だ」と語った。》

もう政権交代確実のところまで来ていましたし、それは無念の思いでした。でもそれ以上にこの問題で政権が取れなければ、自分の責任になってしまう。それはできないと思いました。鳩山さんには「僕は辞めるから、あなたに代表をお願いしたい」と話しました。鳩山さんは幹事長ですから後任としては順当です。

あのまま代表を続投していたら僕が総理になっていたんです。とにかく検察は「あいつをたたいてつぶせ」ということだったのでしょう。結果的に起訴もできずに無罪となりましたが、僕が総理にならなかったことだけで、彼らの狙いは成功したんだと思います。

政権を取れたんですから、まあ僕が代表を退いた判断はそれはそれで良かったと思っています。でも何らやましいところはなかったですし、今思えばそのまま続けていても政権は取れたと思いますね。

ただ残念だったのは、その後も続いた検察からの攻撃によって、現実の政治でせっかく政権を取れたのに、それに十分に参画することができなかったということです。僕にとって総理のポジションそのものはどうっていうことではないですから。

悲願の政権交代へ

《代表を辞任した小沢は選挙担当の代表代行に就き、再び政権交代に向けて前進を始める。地方行脚を行いながら新人候補を発掘し、与党の大物の選挙区に次々に擁立していった。解散総選挙を求めるムードが高まる中、鳩山民主党の支持率は再び上昇し、政権交代に向けた流れは揺るぎないものになっていった。》

代表辞任後に、代表の鳩山さんと幹事長の岡田（克也）君と3人で話し合いを持ちました。みんなからは選挙の担当となる幹事長に推されていたんですが、鳩山さんから「今回は選対本部長として代表代行に全権を任せたい」と言われて、選挙担当の代表代行に就いたんです。それから3カ月後には選挙でしたからね。岡田幹事長も了承してくれました。

その後は全国を回って新人を擁立していきました。公明党代表だった太田昭宏さんと戦うために地元の東京12区に青木愛君を擁立したことは思い出深いですね。彼女は参院議員の任期を4年ほど残して立候補を決意してくれたんですから、立派なものです。彼女はなかなかいい度胸をしていました。

前回の郵政選挙の時と根本的に全然違うのは、全ての選挙区で擁立したということです。政権を取るには、初めから厳しいと分かっている選挙区でも候補者を立てないとダメなんです。各県連には「無競争は絶対にダメだ」と檄《げき》を飛ばしました。新人を擁立した選挙区で、弱いところには僕の秘書を張り付けて、付きっきりで選挙の指導もさせました。なんと言っても民主党への「風」が良かったです。でも風だけにおんぶにだっこではいけないですし、「徹底して活動させろ」と指示を出したんです。

そうそう、僕が地元の岩手4区からではなく東京12区から出馬するという「国替え説」もありましたね。政権交代に向けて党を勢いづけるには、僕が東京12区から出るということも選択肢としてはあったんです。ただ、支持率は右肩上がりで、選挙近くになって急上昇しました。選挙前には「間違いなく勝てる」と確信しました。だから青木さんを12区にしたんです。

《衆院選の公示日が迫る中、小選挙区の候補者擁立と同時に比例代表候補の名簿調整も進めていった。》

最終的に名簿の調整作業は公示日前日の深夜までかかりました。比例代表については各県連を通じて候補者を上げてもらったんですが、誰もやりたがらなかったんです。「誰かいるだろう」と言っても、県議や市議はバッジを外さないとダメだから嫌がってね。みんな断るんです。それで比例名簿に載せる人が足りなくて、しょうがなくて僕の政治塾の出身者とかいろいろな経歴の人を入れたり苦労しました。選挙が終わってから「候補者を探していたなんて知らなかった」なんて言っていた人がいたようですが、遅いですよ。それでも想定以上に勝ったために近畿ブロックで2人足りなくなって、結局、他党の候補者が当選してしまいました。あの結果には驚きました。

《運命の8月30日、民主党は３０８議席という解散時勢力（１１２議席）を大幅に上回る圧勝だった。自民党は３０３議席から１１９議席に激減。二大政党による激突を制し、民主党は日本政治にとって歴史的な政権交代を成し遂げた。小沢にとっては２度目となる悲願の政権奪取となった。》

衆院選当選者に花を付ける民主党執行部。（左から）岡田幹事長、鳩山代表、小沢代表代行、菅代表代行＝２００９年８月３０日、東京・六本木の開票センター

選挙期間中は、昼は全国を回って夜に東京に戻る毎日でした。あらゆる指標で自民党を上回り圧勝の予測でしたけど、いろいろな選挙をやってきて、こんなすごい選挙は初めてでしたね。自民党は解散時の議席が３分の１近くになったんです。驚きです。これが小選挙区制なんです。

この選挙の勝利で、自分の目標を果たすことができたという思いはありました。細川内閣による政権交代もありましたが、あの時は選挙後に非自民の７党１会派による連立政権です。２００９年は堂々の選挙戦で勝っての政権交代ですから、気持ちとしては全く違います。開票作業を見守っている時、これで二大政党を中心とした議会制民主主義が日本にもできるだろうという強い思いが湧いてきたのを覚えています。僕としても、これで衆院任期の４年の間に、事件の方も片が付くだろうという気持ちもあったんですが…。

民主党のみんなもこの選挙結果には驚いていました。でも今思えば、まだまだ政権を取るには力が足りなかったということだったんでしょう。正直に話せば、不安も最初からあったわけです。ただ、あんな短期間で政権を投げ出すことになるとは思わなかったですね。

新政権と幹事長就任

《衆院選の結果を受けて、次期首相への就任が確実になった民主党代表の鳩山は、選挙担当として圧勝に導いた小沢を幹事長に起用することを決める。「引き続き来年の参院選で陣頭指揮を執ってほしい」という鳩山の強い希望であった。だが、確実に増している小沢の影響力に、党内からは「二重権力になるのでは」との懸念も一部で出始めていた。》

鳩山さんから幹事長を打診されたのは選挙が終わった数日後だったと思います。僕の方はすぐに了承しました。すると、首班指名の後に鳩山さんが再び僕の所にやって来て「党務は一切を任せますが、政府、行政は全て私たちに任せてください」と言うんです。要するに「政府のやる政策には口を出さないでくれ」ということでした。幹事長を打診した時にはそんな話は無かったのに、なぜ突然そんなことを言い出したのか理解できませんでした。

民主党のマニフェストでは、内閣に政策決定を一元化する「政府与党一体化」を掲げ、本来であれば幹事長も内閣に入るはずでした。民主党の「影の内閣（次の内閣）」にも幹事長が入っていました。それを一切無しにしたんです。

鳩山さんから「政府は任せてほしい」と言われた時に、おかしいとは思いましたが、せっかく政権を取ったのに、その途端にもめたのではいけないですしね。僕は「ああそうですか。まあまあ分かりました。うまくやってください」とだけ言ったんです。他ならない総理から宣告されてしまったんですから、どうしようもないでしょう。

鳩山さんは副総理に就任した菅さんに言われたのかもしれません。なぜかは分かりませんが、鳩山さんは菅さんに弱いんです。当初からマスコミは「二重権力だ」と報じていましたが、そんなの気にする必要はなかったのに。僕の影響力が強くなるのが嫌だったということなんでしょう。何を恐れていたのか理解に苦しみます。僕は何も寝首をかく気はさらさらないですから（笑）。

総理になりたければもっと早くにやっています。僕は総理が目的じゃないんですから。改革を成し遂げたいという、ただその思いだけです。

中国を訪問し、胡錦濤国家主席（右）と会談を前に握手をする小沢民主党幹事長＝２００９年１２月、北京の人民大会堂

幹事長を入閣させなかった時点で、民主党はマニフェストを守っていなかったんです。守れないから最終的に政権もダメになったんだと思っています。

幹事長としてはもちろん「次は参院選だ」という思いが強かったです。ただやはり、政策に口を出すことができなかったのは、今でも心残りです。民主党の議員の多くは政権与党の経験もなく、何にも分からないのに急に閣僚などになってしまった。うまくできるわけがないんです。

永田町改造

《政策決定への関与ができなくなった小沢は、その鬱憤《うっぷん》を晴らすように自民党時代から取り組んでいた政治改革に力を注いだ。官僚答弁を禁止する国会法改正や、企業・団体献金を禁じる政治資金法改正、戸別訪問を認める公職選挙法の改正など、新機軸を次々と提起し「永田町改造」に突き進んだ。》

僕が初当選の時からずっと取り組んできたテーマは、英国を模範にした議会政治の確立です。これまでにも何度かイギリスを訪問していましたが、本格的な政権交代を成し遂げて、改めてイギリスの政治を視察したいと思い、衆院選で勝利した直後にイギリスを訪問したんです。

イギリスの制度は役人と政治家の在り方もしっかりしていて、役人は政治に直接絶対に口を出さないし、国会にも直接口出しをしません。しかし与えられた政策についてはきちんと遂行する。帰国後に、それを実現するために進めたのが国会での官僚答弁の禁止です。

僕は、政治家が役人を統率するためには、恩給の復活が必要だと思っているんです。ヨーロッパではそうですが、役人は恩給が退職時の７割ぐらい出る代わりに、日本の天下りのような報酬を得ての再就職を認めていません。シンクタンクなどに勤める人もいますがみんな無給。天下り先で役人と癒着して国民の血税を無駄に使う方より、恩給を復活した方が安上がりなんです。

選挙についても英国流の改革を提案しました。イギリスの選挙を視察したことがありますが、戸別訪問をしているし、投票所で各党の代表が見張っていて、投票に来ていない人には連絡をして、交通手段がない人には車を出したりもする。要するに買収や供応をしなければ自由なんです。

日本では、戸別訪問を解禁したら買収が行われるのではないかなどと不安視されていますが、買収などの違反行為はしっかり取り締まればいいんです。候補者が町中の家を一軒一軒回って、一生懸命に有権者を口説く。有権者と直接話すということが政治家にとって極めて重要なんです。

《そして、小沢が進めた党改革の柱に「陳情の一元処理」があった。自治体や各種団体からの陳情を各県連を通じて受け付け、幹事長室で一元的に集約。優先順を付けた上で政府に伝える仕組みだ。新ルールについて小沢は「これは革命だ」と意義を強調した。》

陳情の一元化は、これまでの自民党政権で行われていた不透明で族議員的な癒着の構造をなくすために、オープンな形にしたということです。それに各県連組織の強化という大きな目的もありました。

イギリスでは個人が政治活動に使える資金は少ないですが、党の活動は自由。党が主体となって選挙をやるんです。日本では個人の後援会があっても地方の党組織は弱い。ましてや民主党なんて政権交代したと言っても全く貧弱でした。だから県連が組織的に動くためには、陳情の処理権限を持つのがいいだろうという考えがありました。

「選挙対策だ」と批判する人もいますが、政党のやることなのですから選挙対策であるのは当たり前です。それをマスコミはあたかも悪いことのように報じるから民主主義を理解していないと言うんです。民主主義の基本は選挙。それを政治家がきっちりと説明しきれないから問題になるんです。

豪腕復活

《民主、社民、国民新の3党連立で始動した鳩山内閣は、2010年度の予算編成で早くも壁にぶち当たった。衆院選で掲げたマニフェストを実現するには予算不足に陥ってしまう。そんな中で小沢は年末の12月16日、党所属議員23人を引き連れて首相官邸を訪問、政府に対し来年度予算の「重点要望」を申し入れた。「政治主導になっていない」。こう厳しい口調で苦言を呈した小沢に対し、鳩山は「これは党の意見というより国民の意見だと思っている」と述べ、公約を修正する考えを示した。》

この問題は鳩山総理が財務省の言いなりになって、相談なしに来年度予算の総額を先に決めてしまったという、そもそもの経緯があったんです。だから予算はその枠内でやり繰りをせざるを得なくなってしまった。マニフェストに盛り込んでいた暫定税率を廃止するのはいいが、そうすれば高校無償化や子ども手当が実施できなくなります。それで「どっちを選ぶんだ」という話になったんです。

この時、僕は幹事長として地方からの陳情を受け付けていましたが、暫定税率の廃止より「高校無償化の方を優先してほしい」という意見が多かった。世論調査でも同じような結果でした。そこで「暫定税率は残すべきだ」ということを政府に対して申し入れました。

僕は幹事長として、地方から上がってきた陳情を政府にお願いしに行っただけです。予算編成、内閣の政策決定に異議を唱えたわけではないです。予算の枠を勝手に決めて身動きがとれなくなっていた鳩山総理を、結果的に「助けてあげた」ということです。この時、僕がそうしなければ事態が収まらなかったでしょう。

問題は総理です。財務省に言われるがままに予算編成をしているから、そんなことになるんです。予算総額を決める前に相談してくれれば良かったのに、と思いましたね。

財務省はいつも来年度予算の「年内編成」を求めますが、そんなのは１週間遅れたって別に構いません。仮に年度末の３月に国会を通らなくても新規事業以外は暫定予算で十分に執行できますから、何も困ることはないんです。「まだ問題が残っているからちょっと待ってほしい」と命じて、財務省を待たせれば、それで済んだ話です。僕は、財政健全化路線というのも財務省が作った神話だと思っています。それにみんながマインドコントロールされてしまっている。

僕は当時から「財源はいくらでもある」と言っていたんです。僕が総理だったら財務省に命令して、もちろんマニフェストを断行していました。

暫定税率の維持を要望したことで、僕のことを悪く言う人は「小沢が最初にマニフェストを破った」と批判しますが、全く違います。暫定税率も高校無償化も国民との約束。ではどっちを選択するのかという話になってしまい、決められないでいた鳩山総理に「助け船」を出してあげただけです。

《小沢が政府に示した新年度予算の「要望書」は、実は内々に財務省と調整を済ませた上でのものだった。政策決定への関与を封じられた小沢だったが、内閣がピンチと見るや、官僚を使いこなし実際の政治を動かす「豪腕小沢」を見せつけた出来事だった。》

これは結果的に表には出ないで終わりましたが、この時の政府に対する要望書には、2、3の点で国の事業の仕組みを変えることを財務省と協議した上で盛り込んだんです。

一つは高速道路整備について、事業主体を従来の国から各都道府県にやらせようという話でした。現在の国主導で道路会社が行う方式より、県が行った方が地域の要望を反映させられるし、土地の買収などもスムーズにできます。国交省はすごく抵抗したんですが、財務省と協議して盛り込むことを決めました。ちゃんと「来年夏までに結論を出す」と書き込んだんです。

さらに土地改良事業の改革についても新たな取り組みでした。土地改良自体が悪いわけではないですが、現在の土地改良区は、田んぼの大区画化ばかり行って、農家は自己負担を伴うこともあってあまり賛成ではないんです。無駄な土地改良事業をやめ、もっと予算を有効に使うべきだと主張しました。

土地改良予算の「半減」ばかりがマスコミにクローズアップされましたが、自民党の支持団体だからということではありません。土地改良区と農協の在り方を提起して、農業予算の仕組みを変えることに大きな目的がありました。土地改良区と農協は農家のためという目的ではある意味同じですが、「本当の意味で生産者のための組織になっていない」というのがずっと僕の頭にありました。だから農協などに金を出すのではなく、個々の生産者にきちんと渡るような予算の使い方をすべきと考え、農家の戸別所得補償制度を導入したんです。

僕としては、予算をいじるというより、仕組み、考え方を変えたかったんです。僕たちが訴えた民主党の政策は革命的で、その基本は農業者や年金受給者、勤労者、子育て世代など、個人個人の生活を守りレベルアップさせるための政策に重点を置くというものです。政治主導を訴えていましたが、いっぺんには変えられません。一つずつ変えなくてはいけないから政府に対して要望を行ったんです。

「国策捜査」との全面対決

《党内で小沢の影響力が強まる一方、検察は小沢の政治資金に関する捜査の手を緩めることはなかった。年が明けた２０１０（平成22）年1月、小沢の資金管理団体「陸山会」の土地購入に絡み、衆院議員石川知裕ら３人の元秘書が政治資金規正法違反（虚偽記載）容疑で逮捕される。土地購入費をめぐり収支報告書に虚偽記入があったとされたが、小沢は捜査手法を批判し、「検察と断固戦っていく」と全面対決の覚悟を示した。》

検察は西松（建設）を調べても裏金も何も出てこないから訴因（起訴内容）を変更して、今度は報告書にケチをつけたんです。歴史上、報告書の修正で済む話を検察が立件をしたというのは初めてでしょう。「訴因変更」とは「これだけ捜査をしましたが、間違えていました」ということに等しいんです。西松からの献金も何も問題がなかったですし、１００人の検事を動員して全建設会社を調べたらしいですが、何もやましいことは出てこなかった。それで意地になって訴因を変更せざるを得なかったんでしょう。僕は何も隠していないし、正々堂々とちゃんとやっていた話です。

僕をつぶそうとして逮捕されたんですから、秘書には本当にかわいそうなことをしてしまいました。報告書に記載していた時期が違うというなら、報告書を修正すればいい話です。他の政治家もみなそうしてきたのに、わざと立件したんです。

《政治資金規正法違反容疑で告発された小沢は、検察に事情聴取を受けるも嫌疑不十分で不起訴となった。だが、後に検察審査会は元秘書と共謀があったと判断。2度の議決を経て、小沢を強制起訴する。これによって舞台は裁判に移されることとなった。一方、一連の裁判を通じて、事実と異なる検察の捜査報告書が強制起訴の根拠の一つとなるなど、元秘書への違法な取り調べがあったことも発覚。検察の捜査や強制起訴制度の問題点も浮き彫りとなった。》

民主党政権となって以降も僕の捜査が進められたのは、民主党が官僚側から全く相手にされていなかったということもあるんでしょう。法務大臣が検察庁に「どんな証拠があるんだ。見せてほしい」と言えばそれで済む話なんです。実際には何もないんですから。何もないから起訴できなかったんです。

だから検察は、石川君に対する捜査報告書、要するに公文書を偽造してまで検察審査会で無理やり起訴させました。これは大変なことです。政敵を倒すために意図的にやるということは民主主義社会ではあり得ません。当時、僕に対するアンシャン・レジーム（旧体制）からの攻撃がいかに大きかったか。残念でした。

《一方、首相の鳩山には実母から巨額の資金提供を受けながら納税していなかった「偽装献金問題」も発覚。政治資金規正法違反（虚偽記入、不記載）の罪に問われた元秘書に有罪判決が出るなど、首相自身の「政治とカネ」にまつわる問題も大きな批判を浴びるようになった。》

鳩山さんの問題は贈与税を払わなかったわけですから、完全に脱税です。それを後から申告しただけで終わりにしたんです。これは僕に対する捜査の継続と事実上、取引したのではと思われても仕方ないことです。事実、民主党政権になっても僕の捜査が続いたわけですから。そのために石川君らがその犠牲になった。本当に残念でなりません。

迷走する鳩山政権

《政権交代の興奮から国民が冷めると、民主党政権が掲げた理想と現実の乖離《かいり》もあらわになってきた。懸案だった米軍普天間飛行場（沖縄県宜野湾市）の移設問題は、野党時代から「最低でも県外」

と訴えてきた鳩山だが、候補地の検討は思うようにいかず、発言が二転三転する場面が目立ってきた。》

鳩山総理が「最低でも県外」などと話すので、当初から僕は「本当に大丈夫なのかな」という感じで眺めていました。でも内閣発足時に、「政府のことには関わるな」と言われたんですから、僕からは何も言いませんでしたね。政府の議論には全然関わっていませんし、向こうからの相談も全くありません。

伝え聞いたところによると、首相の「最低でも県外」発言は、しっかりしたルートではなく、事実関係がはっきりしないいいかげんな話をうのみにした主張だったらしいんです。総理ともあろう人が、きちっと事実関係を詰めないで、不確実な情報を聞きかじって、発言していたというのが実態でした。それで結局は大失敗ですから、みっともありません。

僕が相談されていたら、しっかり事実関係を詰めましたね。「総理、県外というのは誰からのどういう話なんですか？　地元の確認を取っているんですか？」とね。常識でしょう。総理大臣が何の根拠もないのに語るなんていうことをしてはいけません。残念ながら鳩山さんは総理として「軽い」と言われても仕方ありません。普天間問題はそんな簡単な話ではないです。アメリカとの間で「けり」をつけなきゃいけない話なんですから。

《結局、普天間問題は日米両政府が5月に移設先を現計画とほぼ同じ名護市辺野古地区とすることで合意。「最低でも県外」という鳩山の公約は実現できなかった。さらに鳩山は、この政府方針への署名を拒否した社民党党首の福島瑞穂を消費者行政担当相から罷免。社民党が連立から離脱するという危機的事態を招いた。》

普天間問題について、鳩山さんは最近のインタビューで「小沢さんにも相談していれば良かった」なんて言っているようですが、本当に残念ですね。僕は今でも下地島《しもじしま》（沖縄県宮古島市）がいいと思っています。3千メートル級の滑走路があって、かつては日本航空と全日空のジャンボの訓練基地だったんですが、最近までほとんど使われていませんでした。島は全て県有地なので、話の進めようでは問題なく実現できたと思っています。もったいない話です。

鳩山さんが実際にどういう交渉をしていたか中身は知りません。でも候補に浮上した地元との具体的な交渉は進んでいなかったんじゃないですか。

僕は、沖縄の米海兵隊も、現在では必要なくなっているとも思っています。偵察や情報収集、臨戦態勢のための仕組みは必要ですが、実戦部隊は沖縄に置く必要はないんです。アメリカが辺野古基地を欲しがっているのではなく、あれは日本側の政治、行政、企業などの癒着、「利権」だと思っています。だから日本政府は何兆円かかっても海を埋め立てていいと思っているんです。利権がそれだけ増えていくわけですから。

《一方、鳴り物入りで始まった予算の無駄遣いを追及する「事業仕分け」も思うような成果を出せなかった。巨大ダムなど無駄な公共事業の中止方針も地元自治体との調整が難航するなど、政権運営そのものの行き詰まりが見え始めてきた。》

事業仕分けはパフォーマンスです。やる前から財務省によるシナリオがあったんです。僕の所に主計局の役人が資料を持ってきて、「こういうことでやらせていただきます」と報告してきたので、「まあ好きなようにやってくれ」と話したぐらいです。財務省は予算を削る話は大歓迎ですから、不必要な予算を財務省主導で並べたんです。その資料を民主党議員が読んでいただけなんです。

与党にいた経験がないから無理もないですが、役人に言われるとその通りの話に乗ってしまう。もし役人に疑問を言うと、「そんなことを言っても、これはどうするんですか?」なんて反論されて、返答に窮しちゃうんだ。役人はそういうところは得意ですからね。

僕は政権交代前に大連立をして、少しは「行儀見習い」をしてからの方がいいと言ったんですが、不安が的中してしまいましたね。野党時代はパフォーマンスでいいですが、与党になって実際の行政を担当するのなら、口先だけでできる話じゃないんです。それでは役人の言いなりにならざるを得ない。

僕はあまり口出しをしませんでしたし、「コンクリートから人へ」なんていうお題目もいいですが、公共事業を一方的に削減するのも間違いだったでしょう。僕は高速道路の整備を進めて料金を無料にした方が、国道の4車線化などに多額の予算をつぎ込むより効果的だと思っています。ただ、いろいろ仕組みを変えるための意見を持っていても、僕は口を出すことができなかったですから…。

ダブル辞任

《政権交代直後に70％超あった鳩山内閣の支持率は、普天間問題による混乱などで5月末には10％台にまで低下していた。7月の参院選を前に、党内から「鳩山おろし」の動きが出る中で、小沢は6月1日、参院議員会長の輿石東を伴って鳩山と会談する。》

普天間問題や総理自身の「脱税問題」などで、この時には既に、「参院選をこのままでは戦えない」という参院側の不満が非常に高まっていました。「地元で演説会もできない」といった声も上がって、実際に鳩山さんの所にも参院議員が直談判に行ったぐらいです。それは鳩山さんがまいた種ですし鳩山さん自身の問題でもありました。

そういう状況の中で輿石さんが参院を代表して「辞めざるを得ないんじゃないか」ということを鳩

山さんに伝えました。その場で僕も鳩山さんに言ったかどうか忘れましたが、共にそう思ったということです。

これに対して、鳩山さんもトータルで判断した結果、「もう辞めざるを得ないね」という話をしました。だから僕ももちろん「一緒に辞めます」となったんです。あえて自分からそう言ったかどうかは忘れましたね。代表が辞めれば幹事長が辞めるのは当然のことです。役員全員そうです。結局、鳩山さんは参院の圧力に抗しきれず辞任を決断したということでした。

《6月2日、鳩山は党緊急両院議員総会で政権運営の混乱の責任を取って退陣を表明する。鳩山は、普天間問題と「政治とカネ」の問題を理由に挙げ、「私も引きます。しかし小沢さんも恐縮ですが、幹事長の職を引いていただきたい」と小沢に告げたことを明かした。》

辞任は普天間問題も一因ですが、総理自らの「脱税」が一番大きかったと思っています。鳩山さんとしては辞めたくはなかったでしょうが、辞めなければ党内が収まらない状況でしたからね。「私も引くから幹事長も引いてほしい」なんて鳩山総理から言われたことはありません。代表が辞めれば、当然幹事長も自動的に職を失うわけですから。

結果的に、鳩山さんは僕を道連れにして辞めたということになりましたが、鳩山総理では党内が持たなくなったということでしょう。自分の問題で行き詰まったからやめざるを得なかったんじゃないですか。

《鳩山の辞任表明を受けて、記者団に囲まれた小沢は「任期半ばでこのような事態になり、大変残念だ。首相、党代表を補佐する役目を十分果たし得なかったと反省している」と語った。》

事実として政権の失敗があったんだから仕方なかったと思っています。僕は鳩山さんが総理に就任後は、公式の席ぐらいでしか会わないし、そんなに話をする機会もありませんでした。「内閣には関係しないでほしい」という話をされているんですから、あえて会いに行くこともありません。辞任会見では僕も「補佐の役目を果たせず反省している」と言いましたが、実際は「補佐は必要ない」と言われたんですから…。

この時にはまだ、毎日、僕はテレビや新聞で旧体制からの攻撃をされていましたので、残念ですが仕方なかったんです。これを跳ね返すには、裁判が終わらないことにはどうしようもなかった。民主党のメンバーが僕をかばってくれることもありませんでしたからね…。

《歴史的な政権交代からわずか8カ月余り（266日）。同じく自民党からの政権交代を成し遂げた細川内閣（263日）に並ぶ短命政権となった。》

今思うと、幹事長を内閣に入れないという一番最初のマニフェスト違反をしたことで、鳩山内閣というか民主党政権の命運が尽きたんじゃないかと思っています。僕が内閣にいれば…と思うこともありますが…。まあ実際には分かりませんね。ただ、鳩山さんの脱税はどうしようもできないです。普通であれば実刑判決を受けるぐらいの犯罪ですから。

二大政党の対決で勝ってせっかく政権交代を果たしたんですから、その意味で非常にもったいなかったと思っています。その後の菅政権や野田政権で「消費税増税」という明確な公約違反に走ったのを顧みても、鳩山政権がこんなにも早く退陣してしまったのは本当に残念でした。菅さんなんて「逆立ちをして、へども出なくなるまで無駄を省く」と言っていたのに。消費増税を言い出してしまったら、もはや政権交代時の民主党ではなくなってしまいます。

第7章

無念の離党から再起へ

「一兵卒」として山里から選挙戦をスタートさせた民主党の小沢一郎前幹事長＝２０１０年６月24日、山梨県身延町

２０１０　平成22

6月8日　菅内閣が発足
6月17日　菅首相、消費税10％に言及
7月11日　第22回参院選。民主大敗で与党過半数割れ
9月7日　尖閣諸島で海保巡視船と中国漁船が接触
9月14日　**民主党代表選、菅氏に敗れる**

２０１１　平成23

1月31日　**陸山会事件で強制起訴**
2月22日　**民主、小沢氏の党員資格を停止**
3月11日　東日本大震災発生
3月28日　**早期復興へ達増知事と会談**
6月2日　菅首相が退陣表明。党内混乱で引責
8月29日　**民主代表選、小沢氏が海江田氏擁立。決選投票で野田氏勝利**
9月2日　野田内閣が発足

２０１２　平成24

4月26日　**陸山会事件で無罪判決**（**69歳**）
6月26日　**消費税増税法案が衆院通過。小沢氏ら民主57人が反対票**
7月11日　**民主49人離党し「国民の生活が第一」結成。代表に就任**（**70歳**）
9月26日　自民総裁選、決選投票で安倍氏勝利
11月19日　**陸山会事件の無罪確定**
11月28日　**生活、日本未来の党に合流**
12月16日　**第46回衆院選、自民が政権復帰＝当選15回**
12月26日　第２次安倍内閣が発足
12月27日　**「未来」分裂、「生活の党」に**

小沢一郎元代表の無罪判決を受け、東京地裁前で元代表の写真などを掲げる支持者ら＝２０１２年4月２６日

脱小沢

《2010(平成22)年6月8日、歴史的な政権交代から8カ月余りで退陣した鳩山由紀夫の後継として、「トロイカ体制」の一角であった菅直人が首相に就任する。閣僚人事では小沢と距離を置く議員を起用するなど、「脱小沢」の姿勢を鮮明にした菅。政権イメージの一新によって、7月の参院選に向けて態勢を立て直す戦略を描いた。》

「脱小沢」なんて言っても僕は何も役に就いているわけじゃないのに。菅総理は自分自身で墓穴を掘ってしまいました。菅さんは市民グループ出身で感情的な人でしたから、知恵を付けていたのは官房長官に就任した仙谷(由人)さんだったかなと思います。仙谷さんはなかなかの知恵のある人でしたから、脱小沢が国民から受けると思ったんでしょう。でも全然そうではなかった。官僚主導に戻ることになってしまったんだから、国民から受けるはずがないんです。脱官僚主導、政治主導で政権を取ったにもかかわらず、また逆戻りする話なんですから。

《内閣発足直後、党の参院選マニフェストの発表会見に立った菅は、消費税引き上げについて「２０１０年度内に改革案を取りまとめる」と表明。税率は自民党が提案している「10％を一つの参考にしたい」と述べた。民主党政権で首相が消費税増税について具体的に言及したのは初めて。突然の方針表明に大きな波紋が広がった。》

余計なことを言ったものです。マニフェストについて意味が分かっていないし、自分の考えがないから結局、役人の言う通りになってしまったんです。財務省が主張する「財政の健全化」というのは一見正論ですからね。財務省の役人は小ざかしくて頭がいいから、思い通りに動かされてしまいました。

菅さんの消費税発言を聞いただけで参院選は勝てないと思いましたよ。消費税うんぬんではなく、「増税はしない」と言っていたものを「する」と反対のことを言ったんだから、うそをついたことになるでしょう。うそつきが国民から支持されるわけがありません。

僕は消費税そのものについて悪いとは言っていません。一番は、国民と約束したことは守らなければいけないということ。それから消費税は景気に影響しますから、景気のいい時じゃないと引き上げはダメなんです。過去を振り返っても、税率を上げるたびに日本の景気は減速しているでしょう。

《結局、政権交代後初となった参院選は、菅の消費税発言に対する国民の反発などで、民主党は惨敗。与党は過半数割れに追い込まれてしまう。一方、党内最大を誇る小沢グループからは、9月の民主党代表選に小沢の出馬を求める声が上がっていった。これに対し、前代表の鳩山由紀夫は、党分裂にもつながりかねない2人の激突の回避に向けて仲介役を買って出た。》

僕はいつも代表選への出馬は気が進まないんです（笑）。ただこの時は、推してくれるみんなの気持ちに応えるというのもありましたし、検察の無茶苦茶な捜査が続いていたので、ここで消極的な姿勢を取ってはいけないという判断もありました。でも、本当は捜査の状況を考えると、党にとって代表選出馬がプラスになる話ではありません。それで鳩山さんが菅さんと話し合うことになったんです。鳩山さんも菅総理の政権運営を見ていて、「このままではダメだ」と思ったんでしょう。

鳩山さんは総理官邸に行って、菅さんに「3人でまた元の通り、トロイカでやりましょう」と言ったんです。そうしたら最初は菅総理も「分かった。3人で協力しましょう」と言ったらしくて、鳩山さんは「良かった。良かった」とニコニコしながら戻ってきました。でも翌日、菅さんから「やっぱりダメだ」ということが伝えられたんです。

菅さんは鳩山さんと会った後に、仙谷さんか誰かに「その話に乗ってはダメだ」と言われたんでしょう。残念でしたね。参院選に負けたといっても、菅さんは総理になったばかりで、前任の鳩山さんの残任期間でした。僕はそのまま総理を続けて良かったと思っていましたから、僕が代表選に出る必要はなかったんです。

《この状況に、民主党の応援団を公言していた京セラ創業者の稲盛和夫も党内対立の回避に動く。》

京セラの稲盛さんも心配してくれて3人で会う機会をつくってくれました。稲盛さんは菅さんに「3人で力を合わせなきゃダメだ。トロイカの体制をもう一度つくるべきだ」と説得してくれました。でも菅さんは「それはできません」と言って話を聞いてくれませんでした。稲盛さんは憤慨していましたよ。稲盛さんは民主党のために一生懸命に応援してくれた人ですからね。それであの人も愛想を尽かしてしまって、その後は政治に対する気力がなくなってしまいました。

あれだけお世話になっていて、政権交代の強力な応援団だったのに、そのことをケロッと忘れて「知りません」という顔をするんです。そういう信義とか恩義を持ち合わせていないというのは、民主党の体質的な問題であったと思います。すぐに仲間から離れるとか、選挙で落ちたらすぐに活動をやめるとか。やっぱり党の体質に問題があったと思います。

トロイカ体制を最終的に壊したのは菅さんです。菅さんのそういった態度が民主党政権の転落の一つの要因になったと思っています。その後は、消費税に絡め取られて、もはや党は坂道を転がり落ちるだけでした。

《菅と小沢による代表選の結果、菅が721ポイントを獲得、491ポイントの小沢を破った。国会

議員票では菅206人、小沢200人と拮抗《きっこう》した一方、党員・サポーター票では菅が圧勝。大差での決着となった。》

僕が勝てる可能性もあったとは思います。ただ、あの時は検察の捜査というハンディを負っていましたから、最初から不利な戦いでした。あれで勝てたら民主党はなかなかのものだったでしょう（笑）。国会議員票では絶対に勝てると思っていました。最終的には菅さんに票が流れてしまいましたが、あれだけの状況の中で国会議員200人が支持してくれたんだから、自分としてはいい戦いだったと思っています。

党員・サポーター票で菅さんが大きく上回ったと言いますが、あれは一般世論と同じではありません。党員・サポーターは連合の人たちが多いんです。連合が菅さん寄りでしたから、それが結果に出てしまったと思っています。

新進党の分裂の時だって連合が原因の一つでした。連合は大企業の集まりですから、基本的には自民党支持者が多いんです。「700万人の組合員」と言っても選挙では200万〜300万しか票が入らないんですから。危機感もないし、万年野党でいいという感覚なんでしょう。

《菅は改造内閣を発足させると小沢グループからの入閣を見送り「脱小沢路線」を加速させる。さらに「政策決定の内閣一元化」を目的に廃止した党政策調査会を復活させるなど、小沢が幹事長時代に

進めた改革を次々に修正していった。》

菅総理は完全に「脱小沢」なんていうスタンスの方に行ってしまいましたね。政権交代後に僕が行ったことをみんな元に戻してしまいました。だからせっかく取った政権をつぶしてしまうわけです。元通りにするなら政権交代する必要はないでしょう。自民党のままでいい。何にも知らないから、官僚の言う通りにするんです。当時の民主党の面々は、一歩一歩雑巾がけをして階段を上がってきた人たちじゃないですから、基礎的な修練が全然できていないんです。

そして政権交代前の体制に全部戻してしまって、最後は自民党と手を握って消費税増税をやるなんて。本当にどうしようもないです。

《一方、小沢の資金管理団体「陸山会」の土地購入をめぐる収支報告書虚偽記入事件で、東京第５検察審査会は２０１０（平成22）年10月、東京地検特捜部が不起訴とした小沢を強制起訴すべきだと議決した。そして、翌年1月、小沢は強制起訴される。》

検察は訴因（起訴内容）変更をしたことで、何も容疑がないことを自ら証明したようなものでした。さらに、担当検事が石川知裕君に対する捜査報告書という公文書を偽造して、検察審査会に虚偽の報告をして起訴相当の議決を意図的にさせたんです。最初は収賄で捜査をやったのに、西松建設からの収賄の事実がなくて立証できず、最後は単なる帳簿の記載期日の問題になってしまいました。話にもなりません。

《小沢の強制起訴を受けて、民主党は、裁判で判決が確定するまで「党員資格停止」処分とすることを決めた。》

これもひどい話です。党則には「最長6カ月間」と書いてあるのに、無期限の党員資格停止処分になったんです。全くの党則違反です。党則にないことを執行部が決めて、役員会もそれを了承するんだから。当時の民主党には民主主義はありませんでした。検察の尻馬に乗って小沢批判をすれば支持率が上がるとでも思っていたんでしょう。「政倫審で説明すべきだ」などとも言われましたが、司法捜査をしている最中になぜ国会で話をしないといけないんですか。政倫審は僕が自民党の議運委員長時代につくったものです。これは、司直の捜査の対象になってはいないが、疑いを持たれた時は政倫審で説明するという趣旨でつくったもので、司法の場に移されたらそちらに任せる仕組みなんです。そこを全く理解していない。

判決のため、東京地裁に入る民主党の小沢一郎元代表＝2012年4月26日

東日本大震災

《党員資格停止処分で小沢の身動きが取れない中、２０１１（平成23）年3月11日午後2時46分、観測史上最大規模となるマグニチュード（Ｍ）９・０を記録した巨大地震が、東日本を襲った。それは民主党政権にとっても大打撃となった。》

地震が起きた時は東京の事務所にいました。テレビで津波に襲われた岩手の状況を見て「大変なことになった」と思いました。僕が全部知っている地域でしたからね。かつての僕の選挙区で、陸前高田市が一番ひどかった。広田から長部《おさべ》、米崎《よねさき》、高田の中心部とみんな僕が回った地域です。大船渡もそう。その集落がみんななくなってしまったんですから、本当にショックでした。

すぐに岩手の達増知事に電話をして「お金のことは大丈夫だから心配するな」と言いました。すぐにでも現地に行きたかったのですが、視察に行くと県職員や市職員が付いて回って地元に迷惑を掛けるだけですから。それよりこっちで復旧・復興の予算を一生懸命に手当てしてやったほうがいいと思ったんです。

《小沢は3月19日に菅ら政府幹部と震災対応について協議。「災害復旧に全力を挙げてほしい」と要請する。さらに同28日には岩手入りし、達増知事と会談、被災地に対する大胆な財政支援の必要性を訴えた。》

菅総理はその時には既に、官僚ペースになってしまっていたからどうしようもなかったのですが、本当であれば政治主導でマニフェストを実現するのに、東日本大震災は非常にいい機会だったと思っています。菅総理には僕の考えを直接伝えました。「短期間でもいいから政治主導で震災の復旧・復興を進めるべきだ」と。それなのに、いちいち従来通りの災害の「報告」と「査定」を繰り返すような進め方をしてしまった。それじゃあ対応が遅くなってダメなんです。総理周辺の何人かにも言ったんですけど、結局、役所の壁を乗り越えることができなかった。

県庁に行った際には、達増知事に「中央での予算措置については心配するな。知事は先頭に立って頑張れ」ということを伝えました。ストップしていたガソリンの確保をしっかりするということを話しましたし、アクセス道路が十分機能しないと生活が困難になってしまうので、「道路整備を進めるべきだ」という話もしました。「復興、復興」と言っても地方では何もできないですから、「中央のことは任せろ」と伝えました。

《大地震や福島第1原発事故をめぐって後手に回る菅政権の対応に、徐々に国民からも批判の声が上がり始める。》

制度的に言うとインフラ中心の事業について、震災復興にもかかわらず平時と同じ仕組みでやっていたからダメだったんです。民主党のマニフェストでは、国から地方への「ひも付き補助金」を廃止して、地方が自由に使える「一括交付金」を導入すべきだと訴えていました。震災後に政治主導でそれをやるべきでした。国が主導して復旧・復興事業をやるより、むしろ県や市町村にお金をまとめて渡した方が、地元がうまくやるんです。

復興庁の創設だって「屋上屋を架す」ようなもので役人のポストを増やすだけですから、僕は反対したんです。復興庁がまとめて他の役所の権限を持っていればいいんですが、実際はそうなりませんでしたから。被災自治体にとってみれば窓口が増えるだけで不便なんです。だからこの際、マニフェストにある一括交付金を地方に出すべきだったんです。仮設住宅だって全部大手業者に任せてしまいましたが、地元にやらせれば良かった。そうすれば土地だって地元業者がスムーズに探すことができたでしょう。菅総理では従来の官僚システムの壁を崩せなかったんです。

《その後、菅内閣は尖閣諸島付近での中国漁船衝突事件への対応をめぐっても批判を受ける。結局、自民党などが衆院に提出した内閣不信任決議案に、小沢グループなどが大量造反する構えを見せる

中、菅は退陣を表明した。》

震災対応は、国の制度を改革するいい機会でした。そういう提案を党内でしたんですが、残念でした。菅さんは僕の力を借りようなんて気はさらさらなかったんでしょう。そんな気力も志もありませんでしたから。

民主党混乱

《菅の退陣で後継首相に複数の名前が挙がる中、細川護熙《もりひろ》が小沢に会談を呼びかける。》

実はその時、細川さんの斡旋《あっせん》で野田（佳彦）さんと会ったんです。その場で細川さんから「代表選では野田さんを支持してほしい」ということを言われました。でも、野田さんは当初から消費税増税の必要性を訴えていましたから、僕は「われわれは消費税についてはのむことはできない」と言ったんです。そうしたら、野田さんは返事をしませんでしたね。その時、野田さんが「消費税は皆さんの意見を聞いて判断したい」とでも言ってくれれば、僕たちのグループは「野田支持」で決まったかもしれませんでした。でも、彼はうんともすんとも言いませんでした。だから僕は「それでは野田さんを支持するのは難しい」となったんです。野田さんはよっぽど最初から消費税増税をやる気でいたんでしょう。「みんなの意見を聞いて」ということであれば、状況は変わっていたと思います。財務省が裏で一生懸命に支援していたのかもしれません。

それで僕らのグループでは「海江田万里君を推す以外にない」となったんです。ただ最初はみんな反対でしたね。彼が経産大臣として委員会の質疑に立った時に、答弁に窮して泣いたことがあったでしょう。特に女性陣を中心に大反対でした。ですが消費税を「よし」と言うわけにはいかないということで、何とかメンバーを説得して海江田さん支持でまとめたんです。

《5人が出馬した代表選は、1回目の投票で海江田がトップとなるも過半数を獲得できず、上位2人による決選投票で、野田が選出される。》

代表選で一番注目を集めたのは決選投票で「野田支持」に回った鹿野（道彦）君のグループでしたね。でも後になって鹿野君は「失敗した」なんて言っていましたよ（笑）。野田さんが消費税増税をやろうとしているのは最初から分かりきっていたのに。遅いんですよ。

野田さんは、僕と親しい輿石（東）さんを幹事長に起用したり、同じグループの山岡（賢次）君を入閣させたりと、最初は気配りをしていたところはありましたが、やはり増税派です。財務省に完全にインプットされていたんでしょう。

《2011(平成23)年9月に野田内閣が発足する。当初から消費税増税関連法案の成立に政治生命を懸けた野田は、法案を衆院に提出する中、翌年5月と6月の2度にわたって小沢と会談をした。》

野田さんは話し合いに応じる気はないようでした。当時、党の議論の中で、消費税増税を受け入れる条件として、経済状況によって増税を一時停止する「景気条項」を入れ込むべきだという議論があったんです。そのような景気条項が入っていれば、かなりの人数が賛成に傾いていたかもしれません。反対したメンバーは「せめて景気条項を入れてほしい」と頼んで、それで妥協を図ろうとしました。でも、党政策調査会の会長だった前原(誠司)君が、一方的に議論を途中で打ち切ってしまった。前原君はそういうことをやるんですが、いつも中途半端で決断しちゃうんです。

そして、これは表に出ていないことですが、僕が竹下内閣の官房副長官時代に秘書官をしていた財務省の香川俊介君(元財務事務次官)を通じて、本当に消費税増税をするというのなら、「法案が成立したら、総理を勇退すべきだ」ということを野田総理に伝えさせたんです。

竹下総理の時も他の事情もありましたが、結果的に3%の増税を決めて辞めました。「これが自分の信念だ」というのなら、これが通ったら総辞職するということであれば、「そこまで総理が思い詰めているのなら仕方ない」と国民も納得するかもしれません。国民がそう思うというのであれば、僕も「反対」というわけにはいきません。

そんな話を2度、香川君を通じて野田総理に伝えました。そうしたら野田総理からは「それを言ってしまうと内閣がレームダックになるからできない」という返答でした。レームダックも何もないですよ。「総理が退陣を確約すれば、多数で法案を通す」と言っているんだから。結局、野田さんは僕らを押し切って消費税増税に突っ走ってしまいました。

野田さんは最初から財務省と増税話を進めていたんでしょうし、野田さんにしろ枝野（幸男）さん、前原さんにしろ、当時はみんな「反小沢」みたいな勢力の側にいましたから。僕と話をしよう、ネゴ（ネゴシエーション＝交渉）をして妥協しようなんて気持ちにはなれなかったんでしょう。彼らと話ができていれば、あるいは野田さんは総理を続けられていたかもしれませんし、解散することもなかったかもしれない。そこですね。ちょっとしたことで擦れ違ってしまった。

当時、僕と野田さんとのやりとりは、表には出しませんでしたが、今思えばむしろ表に出していればよかったと思っています。記者会見をして、「法案が通ったら総辞職をしてください。国民が納得するなら、僕も反対はしません」ということを、むしろ大っぴらに言えば良かった。残念といえば残念でしたね。

≪小沢らが反対する中、民主、自民、公明の3党は消費税増税法案の修正で合意する。衆院の採決では、小沢ら民主党内の57人が反対したため、野田は造反議員の処分を明言。党が分裂不可避となる

中、幹事長の輿石が調整に当たったものの、小沢は離党する意向を伝えた。》

輿石さんは心配してくれました。歴史をたどれば、大平内閣の時は、安倍（晋太郎）さんらが不信任決議案の採決を欠席して可決されたんですが、それでもその後に一緒にやっているんです。そういう「大人の知恵」があれば良かったんですが。野田さんは最初から「話し合いはしない」という感覚でした。

離党の流れはどうしても止めることはできませんでしたね。採決で「棄権」という選択肢もあったんですが、仮にそうしても野田執行部では「除名だ」と言ったかもしれません。それぐらい向こう側には話し合いをしようという雰囲気がありませんでした。輿石さんがもっと幹事長としてリーダーシップを取って調整してくれていれば別だったんでしょうけど。輿石さんも「総理から言われるとどうしようもない」という感じでしたから。

でもだから今、野田さんが「野党結集だ」と言っても、野党の中から「消費税増税反対」という主張が高まると、彼の立場も厳しくなってしまう。過去の経緯を突かれますからね。今になってもまだそれが響いているんです。本当であれば、野田さんはすっきり消費税増税法案を通して、すっきり辞めれば良かったと思います。

消費税法案反対と離党

《２０１２（平成24）年7月2日、小沢は野田の消費税増税方針に反対して、支持グループとともに離党届を提出する。そして衆院37人、参院12人の計49人で新党「国民の生活が第一」を旗揚げした。》

当初の勉強会には１００人以上いましたが、新党に参加したのは約50人。離党というのはなかなか覚悟がないとできないですから、ほぼ足並みはそろったと思っています。

《新党には岩手県選出の衆参５人の国会議員が参加した一方、階猛《しなたけし》（衆院岩手１区）、黄川田徹《きかわだとおる》（同３区）、平野達男（参院岩手選挙区）は民主党残留を決めた。これまで小沢の強い影響力の下で一枚岩を誇ってきた地元岩手だったが、最終局面で分裂することとなる。》

みんな離党届を書いて一緒に出したんですが、後から聞くと平野君の誘いだったようですね。土壇場でひっくり返ってしまいました。残ったのは衆院は畑浩治さん（岩手２区）と菊池長右エ門さん

（比例東北）、参院は主浜了《りょう》さん（岩手選挙区）、藤原良信さん（比例）の4人でした。

僕らは「消費税増税反対」という国民生活に密接した問題での離党でしたから、「わが方に理あり」という意識はみんなにありました。その意味では「政治改革」を掲げましたけど、竹下派分裂の深刻な状況の中で自民党を離党した時と比べて、気持ちとしては余裕があったように思います。

新党結成後にすぐに政治資金パーティーをやったんです。これが大盛況でした。会場のホテルが、あふれるような感じ。それで野田総理が「これは大変だ」と言って、自民党と組んで選挙をしたというわさが流れたぐらいです。

当初はものすごい勢いがありました。ただ、離党した議員は比例区で当選した人間が多かったので、自分の選挙区を持っていないという弱さがありましたね。

《11月14日の党首討論。野田は自民党総裁の安倍晋三に対し、衆院定数削減の実現を確約することを条件に「今週16日に衆院を解散してもいいと思っている」と表明。衆院解散総選挙に突入した。一方、政治資金規正法違反に問われて裁判を続けていた小沢の無罪が確定したのは同19日。結果的に民主党政権時代の小沢は検察との戦いに終始し、力を発揮することはできなかった。》

あれはもう完全に2人でシナリオができていたんでしょう。「じゃあ解散しましょう」なんて、党首同士であんなことは普通はやりませんよ。ただ、野田君やその周辺は、選挙をしてもあれほどボロ負けするとは思っていなかったと思います。

《小沢は衆院選公示の直前、滋賀県知事の嘉田《かだ》由紀子が立ち上げた「日本未来の党」に合流することを決定。自民、民主に対抗する第三極として選挙に臨むこととなった。だが結局、選挙結果は自民、公明両党で３２０議席を超える圧勝となる。民主党は解散前の２３０議席から57議席、日本未来の党は62議席から９議席という大惨敗。再び自公による政権交代が行われ、首相に安倍が返り咲いた。》

嘉田さんが悪いわけじゃないんですが、嘉田さんの側近だった人が牛耳っていて、嘉田さんがオーケーしたものが、翌日になると反対になってしまいました。比例代表の名簿調整でも混乱しました。それでメディアには「内紛状態」なんて書かれて、ものすごくいいスタートを切ったのに、勢いが一気にしぼんでしまいました。それがなければもっともっと議席を取れたと思います。自民党を圧勝させることはなかったのに…。残念至極でしたね。

野田さんたちは、自民党も過半数を取れないし、民主党も取れない状況で、連立政権になるだろうと読んでいたことは間違いないです。そこに自分たちの生き残りがあると考えたんでしょうが、全然ダメでした。結局、野田さんもあてが外れてしまったんです。自民党は解散前に１１９議席だったんですから驚きだったでしょう。その後は選挙、選挙、選挙でした。振り返ればいろいろですね。

安倍総理は運がいいんでしょう。父の晋太郎さんは病気で総理になれず悲運の最期でしたから、その分が息子に回ってきたのかもしれませんね。でも長いだけでアベノミクスは失敗しているし、憲法改正も北方領土も何も成し遂げていません。中国、北朝鮮、韓国など国際関係もうまくいっていません。

次の選挙では絶対に勝ちますよ。長期政権だった小泉さんは最初70％も支持率があったのに、最後は「格差問題」などの批判を浴びて、支持率が低下していきました。そこから政権のたらい回しなんて批判された。今は次の総裁候補がいないでしょう。小泉政権の末期と同じような感じがしますね。

民主党崩壊と自民党長期政権

《民主党が政権から下野して7年余り。安倍政権は2度の衆院選と3度の参院選を経て、政権基盤を着実に築いてきた。一方、ここに来て長期政権のほころびが見え始める中、小沢ら野党勢力は、二大政党の一翼として再び政権を担う受け皿となるべく、結集に向けた動きを進めている。》

僕は今でも、マニフェストを実行しなかったから、民主党政権がつぶれたと思っています。消費税増税はやらないと言ったのに、うそをついたからつぶれたんです。あのマニフェストのおかげで国民は民主党に期待したんですから。

菅さんが消費税の話を始めて、参院選に負けて。野田さんはさらに消費税増税に突っ込んでしまった。なんていうか自爆行為みたいなものでした。

民主党の議員はマニフェストを掲げて選挙を勝ったんだという意識を強く持たなきゃいけなかったと思っています。野党に転落してから「マニフェストが間違っていた」なんて言い訳をしている人がいますが、どうしようもない。自分の責任を他人に転嫁するのはよくありません。

そういう人はよく「財源がない」と言うんですが、財務省に洗脳されて、事実を分かっていないんです。お金なんていくらでもつくればあります。結果的に今、日銀がじゃんじゃん国債を買っているじゃないですか。無駄を省いて、特別会計を改革するだけで、何兆円かの予算を捻出することはできます。そういう制度改良もできるし、いざとなれば赤字公債や建設公債とか、まだまだ予算は捻出できるんです。

僕は民主党政権時代に「財源はいくらでもある」と主張していましたが、検察の攻撃を受けていて、それ以上言いようがありませんでした。

自民党は長年、官僚と「権力」というものを介して助け合い、かばい合ってきたんです。自民党が強いと思えば官僚は従うものです。そういった権力構造の中で、自民党政権が維持されてきました。そして自民党には権力に対する執念と大人の知恵がある。かつて僕たちが「政治改革」を旗印に自民党を割って出たというのは、最初で最後なのではないでしょうか。

それに比べれば、民主党は子どもみたいなものだったのでしょう。自民党や官僚たちにとってみれば、赤ん坊をあやすようなものだったのかもしれません。

せっかく政権交代をしたのに、民主党の「失敗」で日本に二大政党による議会政治が定着するのが、また何年か遅れてしまいました。その意味では残念でした。

ただ、二大政党による選挙戦で勝って政権交代を実現したという意味はものすごく大きかったと思います。国民は表立っては言いませんが、「自分たちの意志で政権を変えられる」という意識を初めて持ったんですから。そこは連立政権だった細川内閣の時とは違います。細川政権、鳩山政権と2回続いて本格的な政権交代となったんですから、日本国民の意識の変化はものすごく大きいと思います。

ですから、そんな国民の意識変化に比べれば、民主党政権の失敗は大したことはないとも思っています。経験がなかったのですから失敗したのは当たり前です。だからこの次の選挙が日本の民主主義の試金石になると思っているんです。果たして日本国民が本当に自分たちの意思でまた政権を変えるという選択をするのかどうかということです。日本の民主主義が健全かどうかが問われているんです。そのためには、国民に対して選択肢を示す意味でも野党が一緒になって戦わなければいけない。野党が一緒になることで二大政党的な議会制民主主義が本格的にスタートしてくると思っています。

まあ、いろいろありました。あっという間。波瀾《はらん》万丈です。ただ次の選挙は絶対に勝ちますよ。次の政権交代の時には、しっかり党のメンバーに政権運営のことを教えないとダメだと思っています。

民主党の政権交代の時は与党としての基礎的な経験もなく、最初からポンと大臣などになってしまったから、役人の言う通りにしかできなかった。今度は、民間人も含めて経験のある人間を使わないといけない。単に若手を起用するのではなく、できるだけ経験のある者から起用し、順番に若返らせていかなければと思っています。

今度の選挙で自民党が負けたらつぶれます。そうしたら自民党をもう一度作り直して、そこから新しい保守党ができればいいんです。僕たちもそこからやり直さないといけないし。自民党もやり直さないといけない。両方で競い合うようにすればいいんです。僕が若ければ、今の野党で政権交代をガチッとやった後に、立て直しのために自民党に行ってもいいんだけどね（大笑）。

終章

議員生活50年を迎えて

国民民主党県連の新役員体制が決まり、拳を上げる小沢一郎代表（中央）ら＝２０１９年11月17日、盛岡市

2013　平成25　7月21日　第23回参院選、自民圧勝し「ねじれ」解消

2014　平成26　4月1日　消費税8％に引き上げ

7月1日　集団的自衛権行使容認を閣議決定

12月14日　**第47回衆院選、自公で3分の2超＝当選16回**

12月26日　**「生活の党と山本太郎となかまたち」に改称**

2015　平成27　9月8日　自民総裁選、安倍氏が無投票再選

9月19日　安全保障関連法が成立

2016　平成28　3月27日　民主と維新合流し「民進党」結党

7月10日　第24回参院選、改憲勢力3分の2超す

7月31日　都知事選、小池百合子氏が初当選

10月12日　**「生活」改称、13年ぶり「自由党」復活（74歳）**

11月8日　米大統領選、トランプ氏が民主クリントン氏破る

2017　平成29　8月28日　羽田元首相が死去（82）

10月22日　**第48回衆院選、自公が3分の2維持＝当選17回**

2018　平成30　5月7日　「希望」と「民進」合流し「国民民主党」結党

9月20日　自民総裁選、安倍氏3選

2019　平成31　4月1日　新元号「令和」を発表

4月26日　**国民民主と自由の合併決まる**

令和元　5月1日　新天皇陛下が即位

7月21日　第25回参院選、自公が勝利

11月17日　**国民民主岩手県連代表に就任**

12月　**議員在職50年迎える（77歳）**

合併に合意し、深夜に会見を開く自由党の小沢一郎代表（左）と国民民主党の玉木雄一郎代表＝２０１９年４月２６日、東京・永田町の国民民主党本部

1969（昭和44）年の初当選以来、小沢一郎は昭和から平成、そして令和の政治史とともに政治家人生を歩み続けてきた。衆院議員在職50年の節目に、日本を取り巻く国際情勢や理想の政治、地元岩手への思い、そして未来を担う若者への期待などについて語ってもらった。

国際交流事業への思いは――

アメリカと中国は世界の大国であると同時に、日本にとって非常に重要な国です。政府間の交流というのはもちろんありますが、僕自身も一政治家として草の根交流に貢献したいという思いで、以前から交流事業を行ってきました。

中国については、党が関連した事業として1989年から「長城計画」という交流事業を続けていますし、個人的に92年に

ベトナムから招待した大学生らと歓迎会で交流する小沢一郎氏＝2015年11月5日、東京都内

米国のレインテック高の生徒と交流する小沢一郎氏（後列右から2人目）＝2015年5月18日、国会内

「日中至誠基金」を設立しました。当初は共産主義青年団の幹部を日本に招いており、李克強首相は僕の水沢の自宅にホームステイしたことがあるほどです。最近では中国全土の大学生を選抜して毎年20人ぐらい日本に招待しています。長城計画は今、休止状態になっていますが、いずれ野党が結集した段階でもう一度復活させたいと思っています。

アメリカに関しては、１９９０年に仲間と「ジョン万次郎の会」を立ち上げて交流を続けていますし、これも個人的にシカゴのラングストンヒューズ小学校の子どもたちを毎年10人ほど日本に招待しています。その小学校は黒人が多い貧しい地区にあるんですが、最初のきっかけは学校を訪問した際に、日本人の先生が日本語を教えていて日本の唱歌や踊りで歓迎してくれたんです。「なぜ小学校で日本語を教えるの」と聞くと、「ここは風紀が乱れているし、貧乏な地域なので、日本の良さを教えたい」と言うんです。それに感激して、２００１年から子どもたちを招待しています。また、そこからのご縁でレインテックという工業高校の生徒も毎年10人ぐらい招待しています。

２０１５年からは、経済成長が目覚ましく、今日、日本との関係も深まっているベトナムの大学生を毎年10人ほど招待しています。さまざまな国際交流事業に携わっていますが、ぜひこれからも個人的なつながりを大切にして事業をずっと継続していきたいと思っていますね。

国際情勢と日本の在り方は――

近年、国際情勢の中で蔓延《まんえん》している「自国第一主義」に、僕は非常に警戒しなければいけないと思っています。今後の世界にとっていいことではありません。特に米中という世界の二大大国で、アメリカのトランプ大統領、中国の共産党一党支配、独裁の中で、そういう傾向がさらに強くなっているのは心配です。中国は口では体裁のいいことを言いますが、覇権主義の国ですからね。

そういう二大強国が、自分たちの覇権、利益を求めて争っているという姿は、経済でも平和の問題でも各国による協調を破壊しつつあると思います。そういう時だからこそ、僕が以前から主張しているように国連中心主義、国際間の協調主義が重要になるんです。それは日本国憲法の理念でもあるわけで、日本はぜひこの理念を世界に打ち出すべきと思っています。

安倍政権の最大の過ちは、日本国憲法の理念、国際協調主義とは真逆のことをやっているということで、非常に危険です。安倍政権は今度は、日本独自で中東に自衛隊を派遣しました。それでは20世紀までのいわゆる軍拡競争の時代に逆戻りするようなことになりかねません。

僕は最初から言っているんですが、集団的自衛権というのは他国との共同作戦ですからいろいろな制約を受ける意味で、個別的自衛権の発動に比べればまだリスクは少ないと思っています。しかし、安倍政権でつくった安保関連法では、集団的自衛権の中に個別的自衛権を紛れ込ませて、個別的自衛権の発動を容易にしている文章が含まれているんです。

第2次世界大戦までの各国による戦争という間違いを、繰り返そうとしているんじゃないかと不安になります。安倍政権の政策は、経済政策でも失敗しましたし、安保政策でも将来にとって危険な状況に向かいつつあります。絶対に方向転換しなくてはいけない。もう一度、憲法の理念、国連中心主義、国際協調主義に戻さなくてはいけないと僕は思います。

日韓関係をどう見る――

今は日韓両国のトップリーダーに最悪の人物が就任してしまったと思っています。先日、韓国を訪問した際に「このままでは絶対に日韓の問題は解決しない。だからあなた方は文在寅《ムンジェイン》大統領を早く辞めさせてくれ。こちらも安倍総理を退陣に追い込むから」という話をしたんです。「関係改善にはその方が早いよ」と。このままだと両方とも妥協せずに、不測の事態が起きたら戦争寸前の事態になりかねないと思っています。本当に危険ですね。

僕は民主党幹事長だった２００９年に当時の李明博《イミョンバク》大統領と会談しました。彼は大阪生まれで日本語も流ちょうでしたが、僕が「日本はどう韓国に対すれば、あなた方の心情が和らぐんですか」と質問したんです。すると「竹島だ」と言うんです。「竹島をきちっと認めてくれたら、それで韓国人の心は氷解する」と。竹島が植民地支配の象徴のようになっているんです。

僕は帰国後に竹島の帰属などについての歴史を調べさせたんですが、そこが非常に曖昧なんです。日韓の問題を解決するには、政治的側面以上に、歴史的事実を十分に調査・検証すべきだと思っています。日本がきちんと事実を踏まえて、仮に悪かったことがあれば、認めるということも必要になるかもしれません。戦前のことは、まだ近い歴史ですから韓国国内では記憶に残っている人も多くて、心情的に納得できない人もいるんです。

僕はこの問題にきっちりけじめをつけないといけないと思っています。同様に尖閣諸島についても、きっちりケリをつけなければいけない問題だと思っています。

50年で日本の政治は進歩したか——

日本の政治だけじゃなく、人間なんてこれまで何千年も進歩なんかしていません。人類は同じ失敗を繰り返し、また同じことをやり始めるんです。世界中どこの国も同じ。でもその中で、理想を掲げ、それを追い求めていくというのが、人間の姿でなきゃならないと思っています。その理想を追い求める姿勢がないから野党はダメなんです。与党は理想もヘチマもなく政権にしがみついて放そうとしません。それを打ち壊すためには、やはり理想の旗を掲げて、闘わなきゃいけないと思っています。

首相になるチャンスも。後悔は——

僕が最初に選挙に出馬した1969（昭和44）年からの政治目標であった「政権交代可能な二大政党制の確立」ということで言えば、自民党でずっとやっていた方が手っ取り早かったかな、と思うこともあります。

小選挙区制でいえば、自民党時代に導入していれば一度は野党がつぶれて、そこから新しい政党が必ず出てきたでしょう。そしたら自民党は一度や二度は選挙に勝つかもしれませんが、おごりが出てきて必ず負けます。そうすることで結果として自民党をつぶした方が早かったかもしれません。

だけど僕は、自民党時代には総理になるという心構えもできていませんでしたし、その後も「自分が、自分が」という気持ちより、選挙制度や議会制度の改革、二大政党的な政治状況をつくる方が先だという思いがありましたからね。だからこの経過をたどったんです。

まあ考えてみれば自民党を離党して27年ですから、今や政治家人生は自民党を出てからの方が長くなりました。そして目下、次の政権交代を目指しているわけですが、総理にならなかったことについては、後悔ということはありません。

ただ今度、野党の結集ができて政権が変われば、僕の大目標に向けてかなりの大きな一歩になると思っています。今度は「民主党」もある程度、過去の教訓を踏まえて大人になるでしょう。そこで政権を2期、7、8年続けたら、自民党は必ずつぶれます。

でも僕は自民党がつぶれたままでは困ると思っているんです。自民党崩壊後に、次の新しい保守政党が出来上がってほしいと思っています。そのためにはもう一回政権を代える以外ないです。これができれば、僕の政治家人生は満足です。

思い描く二大政党とは――

僕は二大政党のうち、一つは自民党的な政党が必要だと思っています。日本人が持つ伝統的で保守的な考え方、風習などを大切にする政党です。「和をもって貴しとなす」という考えです。

このような政党は平穏な時代はベストなんです。ただ、何か波風が立った時、世の中が混乱した時は、決断がなかなかできず、結論を出せない傾向があります。また、個人の自立を妨げたり、責任を取る人を出さないといった負の面もあります。それが最悪になると排外的になって、軍閥と官僚が「なんとはなし」に一緒になって進めてしまった太平洋戦争のような事態にもなるんだと思います。

そしてもう一つの党は、もっと対外的に開放的で自由に意見が言い合えて、フェアな社会を目指す政党です。今も役人の隠蔽《いんぺい》体質が問題になっていますが、もっとオープンな社会を目指す方向です。「内向き」と「外向き」というこの二つの政党のイメージそれ自体は、どちらがいい悪いということではなく、時に応じて互いに政権を交代することが必要になる。これが僕が描く二大政党による日本の議会制民主主義です。

岩手の政治風土は——

僕は直接的には、貧しい家庭で生まれてきた父小沢佐重喜の考え方、血を引いたんでしょうが、やはり岩手、東北で生まれたという地域性が非常に大きいと思っています。おやじはものすごく反官僚的、反財界的であって、財界の後援会というのを一切つくらない人でした。僕は彼らをそこまで排除しないで活用するという方向に広げていますが、どこかでおやじのような気持ちを引き継いでいることは確かです。中央集権的なものに対する反発というか、反骨精神のようなものです。それはおそらく岩手のＤＮＡなんでしょう。

郷土への思いは——

僕は昭和44年に当選させてもらって以来、いろいろな政治的な道を歩んできましたが、どんな状況、政局になろうと変わらずに支持してくれた郷里の人たちに対する恩義が何よりも勝ります。自分自身はぶれることなく真っすぐに歩んできたつもりですが、結果としていくつかの政党に所属して、何だかんだいろいろありました。それでも付いて来てくれて支持してくれた人たちがいたからこそ、僕は自分の目標である「二大政党制」「議会制民主主義」の確立に向かってやってこれたんです。紆余《うよ》曲折というか波瀾《はらん》万丈の中でも、変わらずに支えてもらっている方々への感謝の念を忘れたことはありません。

もう少しのところまで来ました。「百里の道は九十九里をもって半ばとすべし」という徳川家康の言葉がありますが、事実上、九十九里のところまで来つつあると思っています。ただ、結果が出ない限り半ばでしかありません。そういう思いで何としても野党結集を図って、次の総選挙でもう一度政権を取りたい。そして日本の議会制民主主義を成熟させたい。それこそ郷里の皆さまから受けた大恩に報いることだと思っています。

若者たちへ――

僕は2001年から、政治に限らず社会のリーダーたらんとする者を育てようと、小沢一郎政治塾という私塾を開いていますが、今の若者に一番言いたいのは「志がなさすぎる」ということです。今の時代ではガールズも入れないといけないかもしれませんが（笑）、クラーク博士の「ボーイズ・ビー・アンビシャス（少年よ大志を抱け）」という言葉が有名です。政治家は特にそうですが、志のない人間が増えているように感じます。

特にそれが今一番求められているのは、野党です。「もっと国民の代表という意識を持って、自分の志を持て」と言いたい。「政権を取って国民のための政治をやるんだ」という志がなければ、政党も政治家も意味がないんです。

また、これも安倍政権による長期政権の弊害だと思いますが、現状維持的な考え方の若者が非常に多いように感じます。そして調査をしてみると、若い人に自民党支持者が多い。ただ、自民党への積極支持というより、「変えなくても、今のままでいい」という人が驚くほど多いんです。それじゃあまりにも若者らしくない。若者には非正規雇用が多いですが、いつまでも安逸な状況が続くはずがないんです。景気が悪くなればすぐクビにされるんですから。「もっと将来的に安定してしっかりした制度につくり直さなければいけない」と思うのが本来の若者でしょう。

逆に、今は年代の高い人たちの方が「このままではダメだ」と危機感を持っています。この逆転現象が日本社会の一番の問題だと思います。

香港を見てください。アメリカやヨーロッパを見てください。世界で現状を打破しようと先頭に立っているのは若者たちじゃないですか。そうしたエネルギーがあるのが若者なんです。だからもう一度、日本の若者たちに「ボーイズ・アンド・ガールズ・ビー・アンビシャス」と強く訴えたいですね。

あとがき

小沢一郎氏が衆院議員在職50年を迎える節目に、地元紙として同氏と日本政治の歩みをたどるインタビュー書籍が発刊できないか――。

こんな話が持ち上がったのは2018（平成30）年の夏だった。政治の表も裏も知り尽くした小沢氏の証言は貴重な記録となるはずだ。話を受けた私は大仕事への期待を感じる一方、「本当に大丈夫だろうか」と不安も覚えた。

2009（平成21）年9月、東京支社編集部の記者だった私は、民主党政権で幹事長に就任した小沢氏を担当する番記者「小沢番」として、一挙手一投足を追っていた。だが当時は西松建設事件で「小沢バッシング」の中、マスコミとの関係は最悪で、記者会見では怪訝《けげん》そうでぶっきらぼうな言葉ばかり。地元紙の記者といえども、単独取材できる機会はほとんどなく、小沢氏と接触した人に「どんな話をしたんですか？」と聞くのが精いっぱいだった。そうしている間に小沢氏は幹事長を辞任。その後、民主党代表選で敗れるのと同時に、私も本社に戻ってしまった。

自分にとって小沢氏は、近寄りがたい「おっかない」存在であり、東京時代の苦い思い出だった。

そんな小沢氏がインタビューに答えてくれるのだろうか…。

だが、そんな心配も初日で吹き飛んだ。「正確に書いてくれるなら何を聞いてもいいよ」。こう笑顔で話す小沢氏に拍子抜けした。

18年10月から始まったインタビューは、参院選期間の中断を挟んで20年1月末まで計23回に及んだ。永田町の衆院議員会館の事務所の一室で、1回1時間。印象的だったのは、内容に合わせて当時の岩手日報の紙面を持参したのだが、それを食い入るように見つめ「懐かしいなあ」としみじみ語る小沢氏の表情だ。すると当時の記憶がよみがえってくるのだろう。重要な場面について昨日のことのように鮮明に語ってくれた。特に、地元岩手の話になると細かい地名を挙げながら思い出話をしてくれた。

一方、事前に小沢氏のことが書かれた多くの書籍を読み込んで臨んだが、「それは事実が違う」と一蹴されることもしばしば。本音を聞き出したいと無遠慮な質問もあったかもしれない。顔をしかめて睨《にら》むように「ん?」と返されたこともあった。そのたびに息をのみ、質問の意図を説明した。インタビューは一問、一問が真剣勝負だった。

ある日、日程を調整してくれていた秘書から「このインタビューをすごく楽しみにしているんですよ」と聞かされた時はうれしかった。インタビューを通じて小沢番時代に抱いた当時の疑問の一部が解け、素の小沢氏に少しだけ近づけたように感じた。

「豪腕」「壊し屋」と称される小沢氏だが、間近に接して言葉を聞くと、自らが掲げる理想を愚直に追い求めてきたということが伝わってきた。それはいわゆる「政局」とは真逆の行動だった。だが、やり方はあまりに「直線的」すぎた。弁明することを潔しとしないものだから、十分な説明もなく他人には理解されない。まさに「苦闘」の連続だったろう。そんな姿に不器用でも真っすぐに前へ進む「岩手県人」そのものを見ているようだった。

岩手は平民宰相・原敬に始まり、斎藤実、米内光政、鈴木善幸と4人の首相を生んでいる。司馬遼太郎は随筆集「歴史を紀行する」（文春文庫）で、「明治以後の日本における最大の人材輩出県である」と評したほどだ。

戊辰戦争で賊軍と蔑《さげす》まれ、戦後は「日本のチベット」と揶揄《やゆ》されながらも、逆境に耐え、地方の矜持《きょうじ》と高い理想を胸に、新しい時代を切り拓いた先人たち。小沢氏の内にも確かに岩手県人のＤＮＡが刻まれていた。

小沢氏へのロングインタビューを収録した書籍は過去にも数冊ある。本書と重なる部分はもちろんあるが、初出馬の経緯や故郷への思いなど、原点を探ることで、地元紙の目線で小沢氏の素顔に迫れたと思っている。また、証言の中には、自民党時代の外交交渉のほか、自自連立、大連立構想といった政局の舞台裏、民主党政権内の生々しいやりとりと自身の率直な怒りや後悔など、これまであまり語られてこなかったことも数多くあった。小沢氏の目を通した歴史ではあるが、昭和から平成にわたる政治史の一端を明らかにできたのではないだろうか。

インタビュー開始時は静かだった事務所は、野党合流の協議が進むにつれ、人の出入りも激しく慌ただしくなってきた。すると、明らかに小沢氏の気力が増していった。太く低い声、鋭さが増した眼光。過去の話を聞いているのだが、すぐに今の政治状況と重ね合わせていた。やはり政治のど真ん中にいてこそ小沢氏らしい。決戦の日はいつ訪れるのか。これからも注目していきたい。

インタビューに当たって、積極的に協力いただいた小沢氏本人はもちろん、長年同氏の秘書を務めた現参院議員木戸口英司氏、政策秘書の宇田川勲氏をはじめとした小沢事務所の皆さんに大変お世話になった。この場を借りて厚くお礼を申し上げたい。

2020年3月

岩手日報社　榊　悟

主な参考文献

人間小沢佐重喜編集委員会編「人間小沢佐重喜」　小沢一郎後援会・陸山会　１９８０年５月
小沢一郎「日本改造計画」　講談社　１９９３年５月
大下英治「一を以って貫く　人間小沢一郎」　講談社　１９９３年10月
小林泰一郎構成「語る　小沢一郎」　文藝春秋　１９９６年４月
田原総一朗「頭のない鯨」　朝日新聞社　１９９７年９月
田崎史郎「竹下派　死闘の七十日」　文春文庫　２０００年11月
東根千万億「等しからざるを憂える。」　岩手日報社　２００４年８月
五百旗頭真など編「小沢一郎　政権奪取論」　朝日新聞社　２００６年６月
読売新聞盛岡支局編「椎名素夫回顧録」　東信堂　２００６年７月
小沢一郎「小沢主義」　集英社　２００６年９月
平野貞夫「虚像に囚われた政治家　小沢一郎の真実」　講談社　２００６年９月
森田実「小沢一郎　入門」　知的生きかた文庫　２００６年９月

大下英治「小沢一郎の政権奪取戦略」　河出文庫　２００８年2月
大下英治「小沢一郎の最終戦争」　ＫＫベストセラーズ　２０１０年3月
奥野修司「小沢一郎　覇者の履歴書」　データハウス　２０１０年4月
後藤謙次「小沢一郎 50の謎を解く」　文春新書　２０１０年6月
石川真澄、山口二郎「戦後政治史」　岩波新書　２０１０年11月
小林良彰「政権交代」　中公新書　２０１２年9月
日本再建イニシアティブ「民主党政権　失敗の検証」　中公新書　２０１３年9月
小塚かおる「小沢一郎の権力論」　朝日新書　２０１７年12月
岩手日報社「岩手日報縮刷版」

聞き書き・構成

榊　悟（さかき・さとる）　岩手日報社編集局報道部第二部長兼編集委員

1973年盛岡市生まれ。早稲田大卒。98年岩手日報社入社。大船渡支局長などを経て、2009年4月から10年9月まで東京支社編集部（この間、共同通信政治部に出向）で小沢一郎氏を取材。20年4月から現職。

東日本大震災の教訓を訴えた16年度の連載企画「てんでんこ未来へ」が震災5年一連の報道として日本新聞協会賞を受賞。18年には水産業の課題に切り込んだ大型連載「サケの乱」で第34回農業ジャーナリスト賞。

著書に「てんでんこ未来へ」（共著、岩手日報社）、「誠をつなぐ　岩手医科大学さきがけの軌跡」（単著、同）など。

小沢一郎　闘いの50年

半世紀の日本政治を語る

発行日　2020年4月15日　初版第2刷
発行者　東根千万億
発行所　岩手日報社
〒020-8622
岩手県盛岡市内丸3-7
電話019-601-4646
（コンテンツ事業部）平日9～17時
写真　岩手日報社、共同通信社
印刷・製本　凸版印刷株式会社

ISBN　978-4-87201-424-2